Gerhard Engelsberger
Gebete für den pastoralen Dienst

Gerhard Engelsberger

Gebete für den pastoralen Dienst

Gebete vor Gottesdienst, Unterricht, Versammlungen
Gebete für die Seelsorge
Geistliche Existenz – Orientierungen
Geistliche Existenz – In Not
Geistliche Existenz – Gemeinschaft
Sakramente, Beichte und Segenshandlungen
Wichtige Texte aus Bibel und Tradition

Kreuz

Vielleicht,
dass wir noch mehr
der Einfachheit
dienen müssen,

dem missverständlichen,
so und so sagbaren,
unabgesicherten,
fußnotenlosen,
schwachen Netz
aus Worten

wie

ich liebe
du liebst
ER liebt

Inhaltsverzeichnis

Vorwort
7

Gebete vor Gottesdienst, Unterricht, Versammlungen
9

Gebete für die Seelsorge
27

Geistliche Existenz – Orientierungen
109

Geistliche Existenz – In Not
149

Geistliche Existenz – Gemeinschaft
173

Sakramente, Beichte und Segenshandlungen
185

Wichtige Texte aus Bibel und Tradition
203

Register
211

Vorwort

Es ist schon einige Jahre her, da fand man bei Ausgrabungen in Israel einen Scherbenhaufen. Lauter einzelne kleine Nachrichten und Briefe, Kommentare des Zeitgeschehens. Sechstes Jahrhundert, sagen die Kundigen. Als Jerusalem belagert war von babylonischen Truppen. Vor 2500 Jahren.

Ein Kommentar, eine Nachricht, eine Tonscherbe hat es mir besonders angetan. Auf ihr steht: »Leute gibt es, die die Hände des Landes und der Stadt schlaff machen.«

Ich würde verzweifeln, gäbe es die Kirche nicht und nur den Markt.

Ich würde irren, gäbe es den Einspruch nicht und nur das Lob.

Ich würde resignieren, gäbe es die Ökumene nicht und nur das Forum.

Ich würde ermüden, gäbe es nicht den Alltag und nur den Event.

Ich würde lügen, gäbe es nicht das Gebet der anderen.

Ohne Kirche, ohne Gemeinde, ohne die Gemeinschaft der Betenden, ohne das Schweigen der Hörenden, ohne die Einwürfe der Kritischen, ohne die Fragen der Kinder und ohne die Weite der Erfahrungen verkommt das Gebet zum Selbstzweck, das macht die Seele müde und die Hände schlaff.

Evangelische Seelsorge – nicht konfessionell verengt – dient dem aufrechten Gang, will schlaffe Hände stärken; will Menschen mit dem Evangelium einkleiden, die sich mit oft religiösen Patchworkflicken schmücken und doch eher elend als heimatlich leben.

Es gibt eine evangelische Freiheit, die aufgescheuchte Seelen stärkt und unsicheren Schritten festen Boden gibt.

Dieser evangelischen Freiheit fühlt sich der dritte und abschließende Band der »Gebete-Reihe« verpflichtet, die mir der Kreuz Verlag ermöglicht hat. Er sammelt Anlässe, die in der Seelsorge und im Alltag der Seelsorgerinnen und Seelsorger immer wieder begegnen.

Gleichzeitig versuche ich, von jungen Vikarinnen, Vikaren, Pfarrerinnen und Pfarrern ermutigt, kleine Hilfen und Orientierungen zu geben für den eigenen »spirituellen Alltag«. Die Sehnsucht nach geistlichem Leben ist groß. Sie wuchert entlang der Oberflächlichkeit und wächst mit den Enttäuschungen.

Menschen erwarten »ehrliche« Gebete. Sie spüren die Kraft alter, heiliger Worte. Sie suchen »das Andere« und möchten doch auch selbst »in den Gebeten vorkommen«. Das eine wie das andere ist eine Herausforderung für das Gebet.

Wir bleiben vorläufig Übende.

Wiesloch, im Frühjahr 2004   *Gerhard Engelsberger*

Gebete vor Gottesdienst, Unterricht und Versammlungen

VOR DEM GOTTESDIENST — DIE GLOCKEN LÄUTEN

Darum gehet hin und machet zu Jüngern alle Völker: Taufet sie auf den Namen des Vaters und des Sohnes und des heiligen Geistes und lehret sie halten alles, was ich euch befohlen habe. Und siehe, ich bin bei euch alle Tage bis an der Welt Ende. (Matthäus 28,19.20)

Die Glocken läuten, Herr, nun gib uns Stille.
Wir sind ein kleiner Ton im Lobgesang.
Wir wollen Danklied sein. Es ist dein Wille,
dass aus der Stille wächst ein großer Klang.

Die Glocken läuten, Herr, nun gib uns Weite.
Wir sind ein kleiner Ort im Erdenrund.
Nimm uns die Furcht, die Enge, Herr, und leite
aus kargem Boden uns auf guten Grund.

Die Glocken läuten, Herr. Nun sei uns Segen
das Singen, Beten, Schweigen und das Wort.
Wir sind beschwert, komm du uns selbst entgegen.
Gib uns Gewissheit, trag die Zweifel fort.

Die Glocken läuten, Herr. Woher wir kamen,
was gestern war, was uns die Woche bringt:
Wir feiern Gottesdienst in deinem Namen.
Die Glocken läuten, Herr. Die Schöpfung singt.

Er will mich früh umhüllen mit seinem Wort und Licht,
verheißen und erfüllen, damit mir nichts gebricht;
will vollen Lohn mir zahlen, fragt nicht, ob ich versag.
Sein Wort will helle strahlen, wie dunkel auch der Tag.

(EG 452, Text: Jochen Klepper, Morgenlied, Vers 5, aus:
Ders., Ziel der Zeit – Die gesammelten Gedichte, Luther-Verlag, Bielefeld 2003)

Gebete vor Gottesdienst, Unterricht, Versammlungen

Ich will deinen Namen kundtun meinen Brüdern. Ich will dich in der Gemeinde rühmen. (Psalm 22,23)

Herr Jesus Christus,
du hast mich ergriffen,
deine Kirche hat mich berufen,
diese Gemeinde hat mich gewählt.
So viel Vertrauen.

Du hast den Grund gelegt.
Die Kirche gibt den Raum.
Die Gemeinde ist versammelt.
Segne diesen Gottesdienst.

Deinem Wort will ich trauen.
Deine Gemeinde wartet auf gute Nachricht.
Du bist mitten unter uns.

Nun lasst uns Gott, dem Herren,
Dank sagen und ihn ehren
für alle seine Gaben,
die wir empfangen haben.
(Ludwig Helmbold, EG 320)

Ich bin gekommen, damit sie das Leben und volle Genüge haben sollen. (Johannes 10,10b)

Menschenfreundlich, mütterlich
hast du dich uns zugewandt,
Gott, vielen ein Rätsel,
uns ein Trost.

Nun nimm alle Rechthaberei aus meinen Worten,
alle Besserwisserei aus meiner Predigt,
alle Angst aus meinem Herzen
und jede Rechtfertigung aus meinem Sinn.

Sie sind gekommen,
nach Tagen der Überlastung, der Einsamkeit,
des Streits und der offenen Fragen.

Sie sind gekommen,
Gutes zu hören,
Anleitung zum aufrechten Gang.

Sie sind gekommen,
Trost in der Trauer zu spüren,
Gemeinschaft in ihrer Einsamkeit,
Befreiung in ihrer Aufgeregtheit.

Sie sind gekommen.
Wir bleiben nicht allein.
Nimm mir alle Menschenscheu
und gib mir deinen Heiligen Geist.
Ich möchte aufatmen wie sie.

O du Glanz der Herrlichkeit,
Licht vom Licht, aus Gott geboren:
mach uns allesamt bereit,
öffne Herzen, Mund und Ohren;
unser Bitten, Flehn und Singen
lass, Herr Jesu, wohl gelingen.

(Tobias Clausnitzer, EG 161)

DIE MAUERN DIESER KIRCHE   VOR DEM GOTTESDIENST

Herr, ich habe lieb die Stätte deines Hauses und den Ort, da deine Ehre wohnt. (Psalm 26,8)

Ewiger Gott,
die Mauern dieser Kirche bergen dein Wort,
die Orgel singt dir Lieder,
die Fenster malen erstaunliche Bilder,
der Boden erzählt von Wegen und Umwegen,
der Altar bewahrt dein Geheimnis,
der Chor verbreitet deine Wunder.

Generationen haben hier Lieder gesungen,
Gebete gesprochen,
Kinder getauft, Ehen geschlossen,
Tote betrauert, Trauernde getröstet,
Aufgeregte beruhigt und Frieden gesucht.

Vor mir sind hier andere
auf ihre Weise,
mit ihren Gaben,
mit ihren Worten
für das Evangelium gestanden.

Nun stehe ich hier.
Viele waren vor mir.
Andere werden nach mir kommen.
Wir kommen und gehen.
Die Mauern dieser Kirche singen dir Lieder,
der Boden erzählt von Wegen und Umwegen.
Du bleibst von Ewigkeit zu Ewigkeit.

Dein Wort, Herr, nicht vergehet,
es bleibet ewiglich,
so weit der Himmel gehet,
der stets beweget sich;
dein Wahrheit bleibt zu aller Zeit
gleichwie der Grund der Erden,
durch deine Hand bereit'.

(Cornelius Becker, EG 295)

13 Gebete vor Gottesdienst, Unterricht, Versammlungen

Meine Hilfe steht im Namen des Herrn, der Himmel und Erde gemacht hat. (Psalm 121,2)

Ewiger dreieiniger Gott,
dir sei Dank für diesen Morgen.
Deiner Auferstehung gewiss feiern wir Gottesdienst.

Die Gemeinde ist versammelt
zu Dank und Bitte,
zu Lob und Klage,
zu Lied und Spiel,
zu Stille und Tanz (oder: Segen, Klang, Gespräch ...)
zu Wort und Sakrament.

Lass gelingen,
was vorbereitet ist.
Den Worten und Liedern
öffne Herzen und Sinne.
Erhöre die Gebete.

Segne diesen Gottesdienst,
dass die Traurigen Trost finden,
die Fragenden Antwort,
die Einsamen Gemeinschaft,
die Schwachen Kraft,
die Starken Geduld und
die Unruhigen Stille.

An deinem Segen
ist alles gelegen.

Gib zu allen Dingen Wollen und Vollbringen,
führ uns ein und aus; wohn in unsrer Seele,
unser Herz erwähle dir zum eignen Haus;
wertes Pfand, mach uns bekannt,
wie wir Jesus recht erkennen und Gott Vater nennen.
(Benjamin Schmolck, EG 135)

Ihr werdet die Kraft des Heiligen Geistes empfangen und werdet meine Zeugen sein. (Apostelgeschichte 1,8)

Zum Reden gib Segen,
zum Wort gib die Tat.
Geduld gib zum Hören,
den Glauben hilf mehren.
Auf all unsern Wegen
sei Hilfe und Rat.

Dein Wort bewegt des Herzens Grund,
dein Wort macht Leib und Seel gesund,
dein Wort ist's, das mein Herz erfreut,
dein Wort gibt Trost und Seligkeit.

Ehr sei dem Vater und dem Sohn,
dem Heilgen Geist in einem Thron;
der Heiligen Dreieinigkeit
sei Lob und Preis in Ewigkeit.
(Johann Olearius, EG 197)

Ich gehe nicht um mit großen Dingen, die mir zu wunderbar sind. Fürwahr, meine Seele ist still und ruhig geworden wie ein kleines Kind bei seiner Mutter; wie ein kleines Kind, so ist meine Seele in mir. (Psalm 131,1f.)

Ewiger Gott,

ich muss das Rad nicht erfinden,
das Evangelium nicht schreiben,
die Welt nicht verbessern.

Ich darf ein Geschenk überbringen.

Erhalt uns in der Wahrheit,
gib ewigliche Freiheit,
zu preisen deinen Namen
durch Jesus Christus. Amen

(Ludwig Helmbold, EG 320)

ICH WILL SIE LIEBEN, SO WIE SIE SIND — VOR DEM UNTERRICHT

Ich habe keine größere Freude als die, zu hören, dass meine Kinder in der Wahrheit leben. (3. Johannes 4)

Treuer Vater,
Kinder sind mir anvertraut.
Sie wissen meist wenig von dir.

Deine Kirche – ein fremdes Haus,
die Bibel – ein altes Buch,
die Lieder – unbekannt,
unser Glaube interessiert sie nicht.

Und doch gibt es Stunden,
da springt ein Funke über
und ich bin ganz nah bei ihnen.
Ich weiß, ich kann das nicht machen.
Ich bitte dich heute um dieses Geschenk.

Ich will sie lieben, so wie sie sind.

Lass mich einladend von dir erzählen,
einen Weg zu ihrem Interesse finden,
Schwache fördern und Starke fordern,
gerecht sein in meinem Urteil
und geduldig beim Zuhören.

Segne unseren Unterricht.

In Gottes Namen fang ich an,
was mir zu tun gebühret;
mit Gott wird alles wohlgetan
und glücklich ausgeführt.
Was man in Gottes Namen tut,
ist allenthalben recht und gut
und kann uns auch gedeihen.
(Salomo Liscow, EG 494)

17 Gebete vor Gottesdienst, Unterricht, Versammlungen

Das ist ein köstlich Ding, dem Herrn danken und lobsingen deinem Namen, du Höchster, des Morgens deine Gnade und des Nachts deine Wahrheit verkündigen (Psalm 92,2f.)

Gott,
du weißt,
dass ich meine,
ich hätte jetzt anderes zu tun,
Wichtigeres als die Stunden in der Schule.

Aber ich weiß,
für viele Schüler
und für viele Lehrer
bin ich *der Mann/die Frau* von der Kirche.

Es ist für sie wichtig, dass ich komme.
Es ist auch für mich wichtig, dass ich gehe.

Ich will hellhörig sein,
auf kurze Bemerkungen achten,
Stimmungen spüren.
Ich will offen sein,
ein Teil der Schulgemeinde,
Kollege/Kollegin im Kollegium.

Danke für diesen Morgen.
Ich gehe gerne in die Schule.
Ich werde dort gebraucht.
Das ist gut zu wissen.

Danke für diesen guten Morgen,
danke für jeden neuen Tag.
Danke, dass ich all meine Sorgen
auf dich werfen mag.

Danke, dass ich dein Wort verstehe,
danke, dass deinen Geist du gibst.
Danke, dass in der Fern und Nähe
du die Menschen liebst.

(Martin Gotthard Schneider, EG 334, © by Gustav Bosse Verlag, Kassel)

Der Herr ist mein Hirte, mir wird nichts mangeln. (Psalm 23,1)

Guter Gott, du hast mich lieb.
Ich kann staunen, spielen, singen,
ich kann lachen, hören, springen.
Bleibe bei mir, Gott, und gib
auch zum Lernen das Gelingen.

Lieber Gott, dankeschön!
Wenn wir zu der Schule gehn,
geh du bitte, Schritt für Schritt,
mit uns allen mit.
Fröhlich gehe ich, denn der Herr segnet mich.
Fröhlich gehe ich, er begleitet mich.

(Hermann Bergmann, EG reg., BT 618, 2. Strophe des Liedes
»Guter Gott, dankeschön«, © Studio Union im Lahn-Verlag, Limburg–Kevelaer)

BEGINN DES UNTERRICHTS (MITTELSTUFE) UMSCHALTEN AUF GOTT

Vergeltet das Böse nicht mit Bösem oder Beleidigung mit Beleidigung, sondern antwortet so, dass ihr Gottes Liebe für den Gegner erbittet. Denn ihr seid dazu berufen, die Liebe Gottes zu empfangen.
(1. Petrus 3,9 nach Jörg Zink)

Jetzt,
so plötzlich
zwischen Mathe und Bio
umschalten auf Gott und Religion –
das ist echt eine Zumutung,
Gott.

Hilf uns,
dass wir uns vor wichtigen Fragen nicht drücken,
dass uns die Antworten anderer interessieren,
dass wir reden und hören
und einer den anderen versteht.

Mathe und Bio sind wichtig,
Freundin und Freund sind wichtig,
Und eigentlich brauchen wir auch dich,
Gott.

Ich werfe meine Fragen hinüber
wie ein Tau von einem Schiff ans Land.
Vielleicht ist einer da und greift herüber.
Vielleicht, vielleicht nimmt einer mich an meiner Hand.
Wenn Gott es ist, der meine Fragen auffängt und nicht lässt,
wenn Gott es ist, dann hält er mich mit meinen Fragen fest.
(EG reg., W 627, Text: Ulrich Fick, Melodie: Gerhard Kloft,
© Ton- und Bildstelle, Frankfurt a. M.)

Gebete vor Gottesdienst, Unterricht, Versammlungen 20

Gott schuf den Menschen zu seinem Bilde, zum Bilde Gottes schuf er ihn; und schuf sie als Mann und Frau. (1. Mose 1,27)

Zwei Minuten Stille.
Für dich selbst.
Für Gott.

Dass ich bin,
dass du bist,
ist kein Zufall.

Dass ich bin,
dass du bist,
ist eine Antwort.

Schenk uns Weisheit, schenk uns Mut
für die Ängste, für die Sorgen,
für das Leben heut und morgen:
Schenk uns Weisheit, schenk uns Mut.

Schenk uns Weisheit, schenk uns Mut,
für die Wahrheit einzustehen
und die Not um uns zu sehen.
Schenk uns Weisheit, schenk uns Mut.

(Irmgard Spiecker, EG reg., BEL 662, W 635,
© Weltgebetstag der Frauen – Deutsches Komitee e.V., Stein)

So seid ihr nun nicht mehr Gäste und Fremdlinge, sondern Mitbürger der Heiligen und Gottes Hausgenossen, erbaut auf den Grund der Apostel und Propheten, da Jesus Christus der Eckstein ist, auf welchem der ganze Bau ineinandergefügt wächst zu einem heiligen Tempel in dem Herrn. Durch ihn werdet auch ihr miterbaut zu einer Wohnung Gottes im Geist. (Epheser 2,19–22)

Es ist deine Kirche, Herr,
es ist deine Gemeinde.
Nun hilf uns,
dass wir auch deinen Willen tun.

Es ist dein Boden, Herr,
es ist deine Saat und Ernte.
Nun hilf uns,
das Land auf dein Wort hin zu bestellen.

Es ist dein Reich, Herr,
verborgen und doch gegenwärtig.
Nun hilf uns,
deiner Verheißung zu trauen.

Ach Herr, um deines Namens Ehr
halt uns im Fried bei deiner Lehr;
gib deiner Kirche gute Ruh,
Gesundheit und Gedeihn dazu.

Darüber auch das Allerbest:
dass wir im Glauben stark und fest
dich preisen und den Namen dein,
dir leben, dein lieb Völklein sein,

aus deinem Geist ganz neu geborn;
den gib uns, Herr, sonst ist's verlorn.
Dies alles unser Herz begehrt,
wiewohl wir deren keins sind wert.

(Ambrosius Blarer, EG 244)

Einer trage des anderen Last, so werdet ihr das Gesetz Christi erfüllen.
(Galater 6,2)

Herr,
wir gehen nicht frei,
nicht unbelastet
in dieses Gespräch.
Interessen und Meinungen
werden aufeinander stoßen.
Auch ich bin Partei.

Schenke mir
Mut zum offenen Wort,
Zucht zur Liebe,
Freiheit, die eigene Meinung zu ändern,
Willen, Brücken zu bauen,
Vertrauen auf deinen Geist
und auf die Kraft des Gebets.

Herr, gib mir Mut zum Brückenbauen,
gib mir den Mut zum ersten Schritt.
Lass mich auf deine Brücken trauen,
und wenn ich gehe, geh du mit.

Ich möchte gerne Brücken bauen,
wo alle tiefe Gräben sehn.
Ich möchte hinter Zäune schauen
und über hohe Mauern gehn.

Ich möchte gern dort Hände reichen,
wo jemand harte Fäuste ballt.
Ich suche unablässig Zeichen
des Friedens zwischen Jung und Alt.

Herr, gib mir Mut zum Brückenbauen,
gib mir den Mut zum ersten Schritt.
Lass mich auf deine Brücken trauen,
und wenn ich gehe, geh du mit.

(EG reg., BT 646, W 649, Text: Kurt Rommel,
© by Gustav Bosse Verlag, Kassel)

Wohl dem, der nicht wandelt im Rat der Gottlosen noch tritt auf den Weg der Sünder noch sitzt, wo die Spötter sitzen, sondern hat Lust am Gesetz des Herrn und sinnt über seinem Gesetz Tag und Nacht! Der ist wie ein Baum, gepflanzt an den Wasserbächen, der seine Frucht bringt zu seiner Zeit, und seine Blätter verwelken nicht. Und was er macht, das gerät wohl. (Psalm 1,1–3)

Du hast uns berufen
und du hast gewollt, dass wir deiner Kirche dienen.
Darauf vertrauen wir, Herr Jesus Christus.

Du hast uns Gaben gegeben,
wir sollen sie einbringen in der Gemeinde.
Du machst uns Mut, Herr Heiliger Geist.

Du kennst unsere Schwächen
und sagst dennoch: Euch vertraue ich.
Wir danken dir, Herr Gott.

Nun gib,
dreieiniger Gott,
zu unserem Tun und Verhandeln
deinen Segen.

Gott solln wir fröhlich loben,
der sich aus großer Gnad
durch seine milden Gaben
uns kundgegeben hat.
Er wird uns auch erhalten
in Lieb und Einigkeit
und unser freundlich walten
hier und in Ewigkeit.
(Böhmische Brüder 1544, EG 243)

Alles, was ihr tut mit Worten oder mit Werken, das tut alles im Namen des Herrn Jesus und dankt Gott, dem Vater, durch ihn. (Kolosser 3,17)

Herr,
ich lese gerne zwischen den Zeilen,
ich deute gerne das Schweigen der anderen,
ich achte auf Zwischentöne
und vermute Hintergedanken.

Herr,
lass mich offen reden,
lass mich sagen, was ich wirklich denke,
hindere mich am Taktieren
und störe meine Hintergedanken.

Stärke mein Vertrauen.
Nimm mir die Angst.
Segne unser Miteinander.

Wir kennen dein Gebot,
einander beizustehen,
und können oft nur uns
und unsre Nöte sehen.

O Herr, nimm unsre Schuld,
die Dinge, die uns binden,
und hilf, dass wir durch dich
den Weg zum andern finden.

(Hans-Georg Lotz 1964, EG 235,
Rechte: Verlag Singende Gemeinde, Wuppertal)

VOR WICHTIGEN ENTSCHEIDUNGEN   WAS IST AUF DAUER GUT?

Wirf dein Anliegen auf den Herrn, der wird dich versorgen und wird den Gerechten in Ewigkeit nicht wanken lassen. (Psalm 55,23)

Gnädiger Gott,
was ist dein Wille?
Was ist auf Dauer gut?
Die Meinungen gehen auseinander.
Ich bin als Pfarrer, als Pfarrerin gefragt.
An dem, was ich sage, werden sich andere orientieren.
Aber ich bin selbst hin und her gerissen.
Mir fällt die Entscheidung schwer.

Du kannst raten und helfen.
Du kannst vor Fehlern bewahren und Herzen lenken.
Sei du mir Hilfe und Rat.
Zeige du mir den richtigen Weg.

Wenn ich überzeugt bin,
dann gib mir den Mut zur Entscheidung.
Bleibe ich im Zweifel,
dann gib mir die Kraft, ihn zu äußern.

Fällt die Entscheidung so, wie ich sie für richtig halte,
dann wehre meiner Überheblichkeit.
Fällt die Entscheidung gegen meine Überzeugung,
dann zügle meine Enttäuschung.

Über allem lass uns beieinander bleiben,
dir und deiner Kirche dienen
und darauf vertrauen,
dass dein Heiliger Geist uns leitet.

Amen zu aller Stund
sprech ich aus Herzensgrund;
du wollest selbst uns leiten,
Herr Christ, zu allen Zeiten,
auf dass wir deinen Namen
ewiglich preisen. Amen.

(Lübeck vor 1603, Wittenberg und Nürnberg 1607, EG 345)

Gebete für die Seelsorge

*Der Herr ist nahe allen, die ihn anrufen, allen, die ihn ernstlich anrufen.
(Psalm 145,18)*

Treuer Gott,
nach Tagen der Krankheit
bitten wir dich um Genesung und Heilung.
Du weißt, was ... fehlt.
Du spürst die Sorge und kennst die Ungeduld.
Da ist so vieles, was getan werden müsste.
So vieles, was Energie und Gesundheit bräuchte.
Ungeduld und Zweifel machen müde.

Nun hilf du zu heilender Geduld,
zu innerer und äußerer Ruhe.
Nimm den Druck.
Nimm die Enttäuschung
über die Langwierigkeit der Genesung.
Schenke Vertrauen in den Dienst der Ärzte und Pfleger.
Schenke du Heilung für Leib und Seele.

Von Gott will ich nicht lassen,
denn er lässt nicht von mir,
führt mich durch alle Straßen,
da ich sonst irrte sehr.
Er reicht mir seine Hand;
den Abend und den Morgen
tut er mich wohl versorgen,
wo ich auch sei im Land.

(Ludwig Helmbold, EG 365)

Steh auf und iss! Denn du hast einen weiten Weg vor dir.
(1. Könige 19,7)

Lass mich deinem Wort trauen.
Lass mir an deiner Speise genügen.
Hilf mir, dass ich wieder zu Kräften komme.

Schenke auch mir einen Engel,
der bei mir bleibt,
wenig Worte macht,
der weiß, was mir fehlt,
und mich in deinem Namen
geheilt
auf meinen Weg schickt.

Führe mich, o Herr, und leite
meinen Gang nach deinem Wort;
sei und bleibe du auch heute
mein Beschützer und mein Hort.
Nirgends als von dir allein
kann ich recht bewahret sein.

(Heinrich Albert, EG 445)

Alle eure Sorgen werft auf ihn, denn er sorgt für euch. (1. Petrus 5,7)

Treuer Gott,
ein Mensch ist in Sorge,
hat Fragen und traut sich kaum, sie zu stellen.

Ist die Krankheit heilbar?
Reicht die Kraft?
Darf ich leben?
Kann mir jemand helfen?

Treuer Gott,
wir stellen dir diese Fragen.
Du rufst die Menschen ins Leben.
Du setzt dem Leben Grenzen.
Und du kennst die Sehnsucht nach Heilung.

Wir bitten dich um Klarheit und Beruhigung.
Wir bitten dich um wirksame Hilfe und Genesung.
Schenke ... deinen Heiligen Geist,
dass *sie/er* sich nicht in Sorge verzehrt,
sondern im Vertrauen auf deine Treue
Kraft für den Körper und Ruhe für die Seele findet.
Du nimmst dich der Kranken an.
Lass ... deine heilende Gegenwart spüren.

In jeder Nacht, die mich bedroht,
ist immer noch dein Stern erschienen.
Und fordert es, Herr, dein Gebot,
so naht dein Engel, mir zu dienen.
In welchen Nöten ich mich fand,
du hast dein starkes Wort gesandt.

(EG reg., Ö 629, Text: Jochen Klepper, Trostlied am Abend, Vers 1, aus:
Ders., Ziel der Zeit – Die gesammelten Gedichte, Luther-Verlag, Bielefeld 2003)

Gebete für die Seelsorge

Ich denke an Gott – und bin betrübt; ich sinne nach – und mein Herz ist in Ängsten. Meine Augen hältst du, dass sie wachen müssen; ich bin so voll Unruhe, dass ich nicht reden kann. (Psalm 77,4f.)

Herr, mein Gott,
ich suche den Grund meiner Krankheit.

Warum gerade ich?
Was habe ich falsch gemacht?
Was hast du mit mir vor?
Du kennst meine Fragen
besser als Ärzte und Verwandte.

Begegne mir, guter Gott,
dass ich Heilung spüre,
Antwort finde.

>Begleite mich, guter Gott,
>dass ich helfen
>und Antworten geben kann.

Heile
meinen kranken Glauben.

Wenn wir in höchsten Nöten sein
und wissen nicht, wo aus noch ein,
und finden weder Hilf noch Rat,
ob wir gleich sorgen früh und spat,

so ist dies unser Trost allein,
dass wir zusammen insgemein
dich anrufen, o treuer Gott,
um Rettung aus der Angst und Not.
(Paul Eber, EG 366)

Meine Seele hängt an dir; deine rechte Hand hält mich. (Psalm 63,9)

Mein Leben hängt an einem seidenen Faden,
meine Angst hält mich gefangen.
Nun weiß ich: Ich bin todkrank.
Und jetzt, Gott?

Alles bricht mir weg.
Meine Gebete hast du nicht erhört.
Du hast taube Ohren für meine Klage
und schweigst zu meiner Bitte.

Die Ärzte sagen:
Es ist kein Irrtum möglich.

Willst du nicht helfen?
Oder kannst du nicht helfen?

Bitte!
Gott.

Auf meinen lieben Gott
trau ich in Angst und Not;
der kann mich allzeit retten
aus Trübsal, Angst und Nöten,
mein Unglück kann er wenden,
steht alls in seinen Händen.

(Lübeck vor 1603, Wittenberg und Nürnberg 1607, EG 345)

Der Herr ist des Armen Schutz, ein Schutz in Zeiten der Not.
(Psalm 9,10)

Wie ein Boot
auf stürmischer See
werde ich hin und her geworfen.
Alle reden sie auf mich ein,
keiner ist ein Halt.

Was hast du mit mir vor, Gott?
Werde ich wieder gesund?
Oder ist das das Ende?

Erlöse mich von dem Bösen.
Schenke mir dein Heil,
nicht erst am Ende meiner Tage.
Jetzt, Gott,
jetzt brauche ich deine heilende Kraft,
deinen gewissen Halt,
dein befreiendes Wort.

Hilf mir.

Auf ihn will ich vertrauen
in meiner schweren Zeit;
es kann mich nicht gereuen,
er wendet alles Leid.
Ihm sei es heimgestellt;
mein Leib, mein Seel, mein Leben
sei Gott dem Herrn ergeben;
er schaff's, wie's ihm gefällt!
(Ludwig Helmbold, EG 365)

Ich sitze oder stehe auf, so weißt du es; du verstehst meine Gedanken von ferne. Ich gehe oder liege, so bist du um mich und siehst alle meine Wege. (Psalm 139,2f.)

Ob sie uns versteht, Herr,
wissen wir nicht.
Wir sitzen an ihrem Krankenbett,
beten die alten Gebete,
die vertrauten Psalmen,
singen die bekannten Lieder.

Ob sie uns versteht, Herr,
wissen wir nicht.
Wir lassen sie teilhaben am Leben,
suchen das stille Gespräch mit ihr,
erzählen vom Wetter draußen
und von dem, was uns hier bewegt.

Ob sie uns versteht, Herr,
wissen wir nicht.
Wir kennen die Welt nicht, in der sie lebt.
Träumt sie, hört sie, spürt sie unsere Nähe,
das beruhigende Streicheln unserer Hand
den Kuss und die Tränen?

Ob sie uns versteht, Herr?
Sag du ihr, dass wir sie lieben.

Was Gott tut, das ist wohlgetan,
er wird mich nicht betrügen;
er führet mich auf rechter Bahn;
so lass ich mir genügen
an seiner Huld und hab Geduld,
er wird mein Unglück wenden,
es steht in seinen Händen.

(Samuel Rodigast, EG 372)

Gebete für die Seelsorge

EIN RECHT AUF HEILUNG — AM KRANKENBETT

Wer seine Hand an den Pflug legt und blickt zurück, der ist nicht geschickt für das Reich Gottes. (Lukas 9,62)

Was geschehen ist, ist geschehen.
Es hat mich geprägt, hat Spuren hinterlassen,
mag mich gekränkt, verletzt haben.

Doch nun will ich meine ganze Kraft
darauf verwenden,
in der Gegenwart zu leben
und meinem Leben
eine neue Ausrichtung zu geben.
Ich möchte gesund werden.

Ich suche Tiefe, Klarheit und Weite.
Will mich nicht binden an verpasste Chancen,
an zugefügte Wunden, schlechte Erfahrungen
und verbaute Wege.

Du hast meine Geschichte
in dein Herz geschrieben, Gott.
Du hast meine Wege
mit deiner Sorge begleitet.
Du hast meine Vergangenheit
durchlebt wie ein Bruder, wie Mutter oder Vater.

Nun weiß ich, das Vergangene gehört zu mir.
Auf diesem Weg bin ich der geworden, der ich bin.
Ich habe ein Recht auf Leben,
auf Heilung, auf deine Nähe.

Deine Gegenwart ist meine Zukunft.

Noch will das alte unsre Herzen quälen,
noch drückt uns böser Tage schwere Last.
Ach Herr, gib unsern aufgeschreckten Seelen
das Heil, für das du uns geschaffen hast.

(EG 65, Text: Dietrich Bonhoeffer, aus: Ders., Widerstand und Ergebung,
© Chr. Kaiser/Gütersloher Verlagshaus GmbH, Gütersloh)

Der Geist Gottes des Herrn ist auf mir, weil der Herr mich gesalbt hat. Er hat mich gesandt, den Elenden gute Botschaft zu bringen, die zerbrochenen Herzen zu verbinden, zu verkündigen den Gefangenen die Freiheit, den Gebundenen, dass sie frei und ledig sein sollen.
(Jesaja 61,1)

Kränkungen,
erlittene und zugefügte,
eigene und fremde,
hatten mich gelähmt.
Angst hatte die Nächte zerfressen,
der Tod hielt Wache an meinem Bett.

Du hast die Ketten zerbrochen.
Ich richte mich auf.
Du hast mir die Tür geöffnet.
Ich gehe.
Vorsichtig erst und tastend,
aber frei.

Ich nenne dich Heiland,
Retter, Erlöser.
Ich habe mit Wundern Erfahrung gemacht
und traue deinem Frieden.

Ein Arzt ist uns gegeben,
der selber ist das Leben;
Christus, für uns gestorben,
der hat das Heil erworben.

Durch ihn ist uns vergeben
die Sünd, geschenkt das Leben.
Im Himmel solln wir haben,
o Gott, wie große Gaben.

(Ludwig Helmbold, EG 320)

Gott aber ist nicht ein Gott der Toten, sondern der Lebenden; denn ihm leben sie alle. (Lukas 20,38)

Allmächtiger Gott,
Leben bleibt dein Geheimnis.
Wir haben teil daran,
eine begrenzte Zeit lang.
Du gibst das Maß.

Wir haben zu dir gebetet um Jahre,
um Monate und um Wochen.
Um das Leben der/des Kranken,
um ein Wunder,
um geschenkte Zeit.

Nun ist *sie/er* dem Tod näher als dem Leben.
Bewusstsein und klare Gedanken sind gewichen.
Ein Mensch nimmt Abschied vom Leben.
Ein lieber Mensch stirbt.

Nun rufen wir dich neu an mit der Bitte um Leben.
Mach *ihr/ihm* das Sterben leicht.
Öffne die Tür,
bereite den Weg,
begleite den Übergang in das ewige Leben,
das wir noch nicht begreifen und
das du doch allen verheißen hast
durch das Leben, den Tod und die Auferstehung
deines Sohnes Jesus Christus.

Herr, sei bei uns, wenn wir sterben müssen,
wenn Brücken brechen und wenn wir vergehn.
Herr, schweige nicht, wenn wir schweigen müssen;
sei selber die Brücke und lass uns bestehn.

(Lothar Petzold, EG 534, Rechte: Strube Verlag, München-Berlin)

AM STERBEBETT — EIN LEBEN GEHT ZU ENDE

Du leitest mich nach deinem Rat und nimmst mich am Ende mit Ehren an. (Psalm 73,24)

Treuer Gott,
ein Leben geht zu Ende.
Wir sind da, Abschied zu nehmen,
für das viele Gute zu danken,
um Vergebung zu bitten
und um deinen Segen.
Du hast ... das Leben geschenkt,
hast *sie/ihn* in der Taufe
in deinen ewigen Bund aufgenommen.
Sie/Er konnte ein Leben lang
auf deine Hilfe vertrauen.

Wir haben lange mit *ihr/ihm* gelebt,
Glück und Unglück geteilt,
geweint und gelacht, gesorgt und gehofft.
Wir haben *sie/ihn*
in Alter und Krankheit begleitet
bis heute.
Nun spüren wir,
dass sich der Lebenskreis schließt.
Geh mit *ihr/ihm* den Weg,
den wir nicht mehr begleiten können.
Gewähre *ihr/ihm* einen gnädigen Tod.
Nimm *sie/ihn* auf in dein Reich
und schenke *ihr/ihm* Leben in deinem ewigen Licht.

Uns alle tröste mit dem Heiligen Geist,
in dem wir eins sind mit dir.

Nun sich das Herz von allem löste,
was es an Glück und Gut umschließt,
komm, Tröster, Heilger Geist, und tröste,
der du aus Gottes Herzen fließt.
(EG 532, Text: Jochen Klepper, Trostlied am Totensonntag Vers 1, aus:
Ders., Ziel der Zeit – Die gesammelten Gedichte, Luther-Verlag, Bielefeld 2003)

In deine Hände befehle ich meinen Geist; du hast mich erlöst, Herr, du treuer Gott. (Psalm 31,6)

Dass wir loslassen sollen, Gott,
ist so leicht gesagt.
Wir sind darin nicht geübt.
Gib du uns die Hand.

Dass wir gehen lassen sollen, Gott,
ist so leicht gesagt.
Da waren so viele gemeinsame Wege.
Schenke du uns Vertrauen.

Dass wir zulassen sollen, Gott,
ist so leicht gesagt.
Wie soll jemand, der liebt, einfach zulassen?
Gib du uns die Kraft.

Dass wir uns lösen sollen, Gott,
von eigenen Wünschen und von der eigenen Angst,
das weiß unser Verstand.
Nimm du uns die Angst.

Wenn ich einmal soll scheiden,
so scheide nicht von mir,
wenn ich den Tod soll leiden,
so tritt du dann herfür;
wenn mir am allerbängsten
wird um das Herze sein,
so reiß mich aus den Ängsten
kraft deiner Angst und Pein.

(Paul Gerhardt, EG 85)

Der Herr segne dich und behüte dich; der Herr lasse sein Angesicht leuchten über dir und sei dir gnädig; der Herr hebe sein Angesicht über dich und gebe dir Frieden. (4. Mose 6,24–26)

Das Licht wird dunkler,
die Geräusche kommen von weit her,
die Klänge sind andere,
die Augen sehen nach innen,
ein ganzes Leben
im Werden, Scheitern, Gelingen und Vergehen.

Treuer Gott,
lass nun ... in Frieden sterben,
schenke *ihr/ihm* ein neues Kleid,
lösche alle Schuld,
bewahre die Einmaligkeit und das Schöne.

Nimm dem Tod die Macht.
Lass dein Licht leuchten über ...
und über uns.

Segne uns, o Herr!
Lass leuchten dein Angesicht
über uns und sei uns gnädig ewiglich!

Segne uns, o Herr!
Deine Engel stell um uns!
Bewahre uns in deinem Frieden ewiglich!

(EG reg., W 564, Text: Kommunität Gnadenthal,
© Präsenz-Verlag, 65597 Gnadenthal)

Fürchte dich nicht, ich bin mit dir; weiche nicht, denn ich bin dein Gott. Ich stärke dich, ich helfe dir auch, ich halte dich durch die rechte Hand meiner Gerechtigkeit. (Jesaja 41,10)

Schenke mir
einen Blick, der mich erträgt,
ein Wort, das mir gilt,
eine Hand, die bleibt.

Schenke mir
das Vertrauen eines Kindes,
die Bescheidenheit eines Blattes am Baum
und die Leichtigkeit des Windes.

Nimm mir
die Sorge um mein Leben,
die Angst vor dem Tod
und die Zweifel an deiner Existenz.

Dein Wort ist wahr und trüget nicht
und hält gewiss, was es verspricht,
im Tod und auch im Leben.
Du bist nun mein,
und ich bin dein,
dir hab ich mich ergeben.

Der Tag nimmt ab. Ach schönste Zier,
Herr Jesu Christ, bleib du bei mir,
es will nun Abend werden.
Lass doch dein Licht
auslöschen nicht
bei uns allhier auf Erden.
(Johannes Eccard, EG 473)

Wenn ich essen soll, muss ich seufzen, und mein Schreien fährt heraus wie Wasser. Denn was ich gefürchtet habe, ist über mich gekommen, und wovor mir graute, hat mich getroffen. (Hiob 3,24f.)

Unbegreiflicher Gott,
wir verstehen nicht, was wir sehen.
Unser Kind ist todkrank.
Du hast ... das Leben geschenkt,
in der Taufe deine Liebe zugesprochen.
Nun müssen wir zuschauen,
wie dieses junge Leben bedroht ist.
Du weißt, wie sehr wir ... lieben.
Du kennst die Not.
Du kannst Leben retten.
Bitte hilf.
Noch lassen wir nicht los.
Noch hoffen wir auf ein Wunder.
Deine Kraft ist in den Schwachen mächtig.
Herr, erhöre uns.
Christus, erhöre uns.
Herr, erhöre uns.
Christus, erbarme dich.

Ich bin getauft auf deinen Namen,
Gott Vater, Sohn und Heilger Geist;
ich bin gezählt zu deinem Samen,
zum Volk, das dir geheiligt heißt.
Ich bin in Christus eingesenkt,
ich bin mit seinem Geist beschenkt.

Du hast zu deinem Kind und Erben,
mein lieber Vater, mich erklärt;
du hast die Frucht von deinem Sterben,
mein treuer Heiland, mir gewährt;
du willst in aller Not und Pein,
o guter Geist, mein Tröster sein.

(Johann Jakob Rambach, EG 200)

Erhöre mich, wenn ich rufe, Gott meiner Gerechtigkeit, der du mich tröstest in Angst; sei mir gnädig und erhöre mein Gebet! (Psalm 4,2)

In größter Verzweiflung und Not,
rufen wir zu dir,
ewiger, allmächtiger Gott.
Du kannst Wunden heilen,
du kannst Leben retten.
Hab Erbarmen mit ...
und hab Erbarmen mit uns.

Unsere Kraft ist zu Ende.
Unsere Hoffnung ist zunichte.
Sei uns gnädig.
Lass unsre Seelen
Frieden finden
in dir.

Manchmal kennen wir Gottes Willen,
manchmal kennen wir nichts.
Erleuchte uns, Herr,
wenn die Fragen kommen.

Manchmal sehen wir Gottes Zukunft,
manchmal sehen wir nichts.
Bewahre uns, Herr,
wenn die Zweifel kommen.

Manchmal spüren wir Gottes Liebe,
manchmal spüren wir nichts.
Begleite uns, Herr,
wenn die Ängste kommen.

(Kurt Marti/Arnim Juhre, EG reg., BEL 642, © Kurt Marti/Arnim Juhre)

*Herr, wohin sollen wir gehen? Du hast Worte des ewigen Lebens; und
wir haben geglaubt und erkannt: Du bist der Heilige Gottes.
(Johannes 6,68f.)*

Nein, Gott!
Doch nicht so und nicht jetzt!

Wir können nicht begreifen,
dass der Tod dein Wille sein soll.
Du weißt doch,
wie sehr ... gebraucht wird,
geliebt wird.
Du hörst doch die Gebete,
du siehst doch in die Herzen.

Wo ist dein Erbarmen?
Hier ist Elend.
Wer soll denn noch helfen,
wenn hier das Leben endet?

Nimm unseren Schrei als Gebet,
unsere Klage als Bitte
und unsere Tränen als Vertrauen.

Lass uns an deiner Liebe
nicht irre werden.
Komm, hilf,
wir sind am Ende.

Wo bleibst du, Trost der ganzen Welt,
darauf sie all ihr Hoffnung stellt?
O komm, ach komm vom höchsten Saal,
komm, tröst uns hier im Jammertal.

O klare Sonn, du schöner Stern,
dich wollten wir anschauen gern;
o Sonn, geh auf, ohn deinen Schein
in Finsternis wir alle sein.

(Friedrich Spee, EG 7)

SIE/ER WAR UNS EIN SEGEN AM STERBEBETT EINES ALTEN MENSCHEN

Betet im heiligen Geist und erhaltet euch in der Liebe Gottes und wartet auf die Barmherzigkeit unseres Herrn Jesus Christus zum ewigen Leben. Und erbarmt euch derer, die zweifeln. (Judas 1,20-22)

Ewiger Gott,
ein Lebenskreis schließt sich.
Aus deinem Licht in dein Licht.
Aus deiner Ewigkeit in deine Ewigkeit.
Aus deinem Geheimnis in dein Geheimnis.

Die Augen haben vieles gesehen.
Die Ohren haben vieles gehört.
Erinnern und vergessen im rechten Maß
ist ein Segen.
Die Hände waren ein Leben lang rege.
Die Füße sind weite Wege gegangen.
Bleiben und gehen, tun und lassen im rechten Maß
ist ein Segen.

Ewiger Gott,
ein Lebenskreis schließt sich.
Den Leib, die Seele,
dieses Leben –
nimm es behutsam in deine Hände,
es ist uns so kostbar.
... war uns ein Segen.

So nimm denn meine Hände und führe mich
bis an mein selig Ende und ewiglich.
Ich mag allein nicht gehen, nicht einen Schritt:
wo du wirst gehn und stehen, da nimm mich mit.

Wenn ich auch gleich nichts fühle von deiner Macht,
du führst mich doch zum Ziele auch durch die Nacht:
so nimm denn meine Hände und führe mich
bis an mein selig Ende und ewiglich!

(Julie Hausmann, EG 376)

Der Herr ist mein Teil, spricht meine Seele; darum will ich auf ihn hoffen. (Klagelieder 3,24)

Wir geben die Hoffnung
nicht auf,
Gott.

Wir hoffen
nur anders.

Hoffen nicht mehr
auf weitere Wochen und Tage,
bitten nicht mehr
um längeres Leben.

Wir bitten
um ein gnädiges Ende des Leidens.
Wir hoffen
auf ein seliges Sterben.

Wir geben die Hoffnung
nicht auf,
Gott.

Wir hoffen
auf dein Erbarmen.

Ich habe Jesus angezogen
schon längst in meiner heilgen Tauf;
du bist mir auch daher gewogen,
hast mich zum Kind genommen auf.
Mein Gott, mein Gott,
ich bitt durch Christi Blut:
mach's nur mit meinem Ende gut.
(Ämilie Juliane von Schwarzburg-Rudolstadt, EG 530)

ICH KENNE NUR DEN NAMEN — VOR EINEM SEELSORGEGESPRÄCH

Deine Gnade reicht, so weit der Himmel ist, und deine Treue, so weit die Wolken gehen. (Psalm 108,5)

Treuer Gott,
ich weiß nicht,
was mich erwartet.
Ich kenne nur den Namen,
keine Geschichte,
keine Fragen,
nicht den Grund für das Gespräch.
Das macht mich unsicher.

Nun gib du mir die nötige Ruhe,
die notwendige Geduld,
die Liebe zu dem Menschen, der auf mich wartet,
und die Zeit, die er braucht.

Lass mich zurückhaltend sein im Urteil,
klar im Zeugnis,
zugewandt im Hören
und freundlich im Reden.

Segne das Gespräch,
sei uns beiden nah,
dein Heiliger Geist sei mit uns.

O Herr, verleih, dass Lieb und Treu
in dir uns all verbinden,
dass Hand und Mund zu jeder Stund
dein Freundlichkeit verkünden,
bis nach der Zeit den Platz bereit'
an deinem Tisch wir finden.
(Friedrich Spitta, EG 222)

Befiehl dem Herrn deine Wege und hoffe auf ihn, er wird's wohlmachen. (Psalm 37,5)

Ich weiß, was mich erwartet,
Gott.
Ich kenne die Geschichte,
kenne die Familie,
kenne die Verstrickungen.

Wir drehen uns immer im Kreis.
Ich weiß, dass ich kaum helfen kann.
Ich weiß, dass aber Hilfe von mir erwartet wird.

Sei du mit mir,
dass ich ehrlich sein kann, ohne ungeduldig zu werden.
Dass ich meine Grenzen nenne, ohne zurückzuweisen.
Dass ich Nein sagen kann, ohne zu verletzen.
Dass ich Ja sagen kann, ohne zu heucheln.

Weg hast du allerwegen,
an Mitteln fehlt dir's nicht;
dein Tun ist lauter Segen,
dein Gang ist lauter Licht;
dein Werk kann niemand hindern,
dein Arbeit darf nicht ruhn,
wenn du, was deinen Kindern
ersprießlich ist, willst tun.

(Paul Gerhardt, EG 361)

Gebete für die Seelsorge

ICH HABE GEGEBEN, WAS ICH HATTE NACH EINEM SEELSORGEGESPRÄCH

Die Torheit Gottes ist weiser, als die Menschen sind, und die Schwachheit Gottes ist stärker, als die Menschen sind. (1. Korinther 1,25)

Treuer Gott,
die Türe ist wieder geschlossen,
die Stimme klingt noch nach.
Ich will meine Hände falten
und dich bitten
für diesen Menschen,
der deine Hilfe dringend braucht.

Ich habe gegeben, was ich hatte:
meine Zeit, meinen Glauben,
meine Geduld, meinen Rat.
Es war wenig.
Ob ich helfen konnte?
Ich weiß, das lässt sich nicht messen.
Ich weiß auch, kaum ein Gespräch lässt sich planen.
Und kein Mensch ist wie der andere.
Oft bleibe ich unzufrieden zurück.

Nun bitte ich für diesen Menschen,
gib ihm einen Engel an die Seite
und Menschen, die ihn lieben.

Und mir nimm die Last von der Seele.

Sing, bet und geh auf Gottes Wegen,
verricht das Deine nur getreu
und trau des Himmels reichem Segen,
so wird er bei dir werden neu.
Denn welcher seine Zuversicht
auf Gott setzt, den verlässt er nicht.
(Georg Neumark, EG 369)

Lobe den Herrn, meine Seele, und vergiss nicht, was er dir Gutes getan hat. (Psalm 103,2)

Gib
Flügel meinen Gedanken,
Hände meinen Worten,
Füße meinen Plänen,
Liebe meinem Tun,
Maß meinen Zielen.

Und
schenke mir
ein Lächeln lang
das Vertrauen eines Kindes.

Du meine Seele, singe,
wohlauf und singe schön
dem, welchem alle Dinge
zu Dienst und Willen stehn.
Ich will den Herren droben
hier preisen auf der Erd;
ich will ihn herzlich loben,
solang ich leben werd.

(Paul Gerhardt, EG 302)

VOR EINEM BESUCH

Ich, ich bin der Herr, und außer mir ist kein Heiland. (Jesaja 43,11)

Sie sagen,
ich soll sie besuchen.
Ich kann ihr nicht helfen,
Gott.

Das weiß doch jeder.
Auch sie wird es wissen.
Seit Monaten sitzt sie apathisch im Stuhl.
Spricht kein Wort.
Wird gefüttert und gewaschen.
Wird immer weniger.

Du sagst,
ich soll sie nicht heilen.
Ich soll sie besuchen.

Weiß ich den Weg auch nicht, du weißt ihn wohl,
das macht die Seele still und friedevoll.
Ist's doch umsonst, dass ich mich sorgend müh,
dass ängstlich schlägt mein Herz, sei's spät, sei's früh.
(Hedwig von Redern, EG reg., BEL 641)

Lass dir an meiner Gnade genügen; denn meine Kraft ist in den Schwachen mächtig. (2. Korinther 12,9)

Ich bin gegangen,
Gott.

Wir haben lange
gesprochen,
geschwiegen
und bedacht.

Du kennst die Not,
die ich angetroffen habe.

Ich bin gegangen,
Gott.
Ich habe meine Schwäche gespürt,
meine Ratlosigkeit
und Unruhe.

Du bleibst.
Das ist ein Segen.

Der du allein der Ewige heißt
und Anfang, Ziel und Mitte weißt
im Fluge unsrer Zeiten:
bleib du uns gnädig zugewandt
und führe uns an deiner Hand,
damit wir sicher schreiten!

(EG 64, Text: Jochen Klepper 1938, Neujahrslied, Vers 6, aus:
Ders., Ziel der Zeit – Die gesammelten Gedichte, Luther-Verlag, Bielefeld 2003)

MIT DEINER HILFE — VOR DEM ÜBERBRINGEN EINER TODESNACHRICHT

Ich bin der Herr, dein Gott, der deine rechte Hand fasst und zu dir spricht: Fürchte dich nicht, ich helfe dir! (Jesaja 41,13)

Mein Gott,
es ist mir schwer.
Ich habe Angst vor diesem Gang.
Ich soll sagen,
dass ... gestorben ist.
Das wird furchtbar sein für ...
Ich möchte nicht gehen.

Geh du mit mir.
Gib mir die richtigen Worte.
Gib mir das rechte Maß an Mitleid und Nähe,
die Weisheit zu schweigen
und die Einsicht in das, was helfen kann.

Ich weiß nicht, was mich erwartet.
Stärke alle, die die schlimme Nachricht
nun unvorbereitet trifft.
Fange sie auf in ihrem Elend,
stelle Engel an ihre Seite
und bewahre vor schlimmerer Not.

Nun will ich gehen,
in deinem Namen
und mit deiner Hilfe.
Herr, sei und bleibe bei uns,
in der Stunde der Not.

So sei nun, Seele, deine
und traue dem alleine,
der dich geschaffen hat.
Es gehe, wie es gehe,
dein Vater in der Höhe,
der weiß zu allen Sachen Rat.
(Paul Fleming, EG 368)

Bei dir ist die Quelle des Lebens, und in deinem Lichte sehen wir das Licht. (Psalm 36,10)

Ich kann das nicht.
Ich will das nicht.
Das soll ein anderer machen.
Gott.

Ich habe studiert auf der Suche nach Antworten.
Ich bin berufen, die gute Nachricht weiterzugeben.
Ich soll trösten.
Gott.

Ich habe Angst. Richtig Angst.
Wenn sie mich schon kommen sehen,
in dunkler Kleidung und mit meiner Angst.

Und was soll ich denn sagen,
wenn *sie/er* fragt?
Wie soll ich trösten, wenn *sie/er* schreit?
Und was mache ich,
wenn *sie/er* mir unter den Händen zusammenbricht?

Und wenn mir die Worte fehlen,
sprichst du für mich?
Und wenn mir die Antwort nicht über die Lippen kommt,
löst du mir die Zunge so,
dass ein Mensch nicht vergeht?

Ach Gott,
geh du.

Einer wacht und trägt allein
ihre Müh und Plag,
der lässt keinen einsam sein,
weder Nacht noch Tag.

(EG 487, Text: Rudolf Alexander Schröder, aus: Gesammelte Werke Bd. 1,
Die Gedichte. © Suhrkamp Verlag 1952 »Abend ward, bald kommt die Nacht«)

Ein Geduldiger ist besser als ein Starker und wer sich selbst beherrscht, besser als einer, der Städte gewinnt. (Sprüche 16,32)

Treuer Gott,
du weißt,
mir ist nicht wohl bei der Sache.
Es wird ein schwieriges Gespräch.
Vieles hängt davon ab.

So bitte ich dich:
Schenke mir die notwendige Geduld,
dass ich die anderen auch wirklich verstehe.
Schenke mir Zurückhaltung,
dass ich niemanden verletze.
Lass mich das, was ich zu sagen habe,
auf das notwendige Maß beschränken.
Lass mich versuchen,
die anderen zu lieben,
auch wenn es mir schwerfällt.

Hilf uns allen, die jetzt zu diesem Gespräch kommen,
dass wir auch mit den Augen der anderen
zu sehen versuchen.

Segne unser Miteinander.

Tritt du zu mir und mache leicht,
was mir sonst fast unmöglich deucht,
und bring zum guten Ende,
was du selbst angefangen hast
durch Weisheit deiner Hände.

(Paul Gerhardt, EG 497)

NACH EINEM SCHWIERIGEN GESPRÄCH   SPINNE DU WEITER DEN FADEN

Gott ist's, der in euch wirkt beides, das Wollen und das Vollbringen, nach seinem Wohlgefallen. (Philipper 2,13)

Sie sind gegangen.
Es war nicht einfach.
Wir haben es uns nicht leicht gemacht.
Aber jeder hat sich auf seine Weise bemüht.

Gott,
du weißt,
wie schnell etwas zerredet wird,
wie kurz Versprechen halten
und wie schwach wir sind.

Darum bitte ich dich:
Damit der Gesprächsfaden nicht abreißt,
spinne du ihn weiter.
Damit das Besprochene wirkt,
begleite du jeden auf seinem Weg.
Damit Gutes wird,
gib deinen Segen.

Ach bleib mit deinem Segen
bei uns, du reicher Herr;
dein Gnad und alls Vermögen
in uns reichlich vermehr.
(Josua Stegmann, EG 347)

Gebete für die Seelsorge

Und dient einander, ein jeder mit der Gabe, die er empfangen hat, als die guten Haushalter der mancherlei Gnade Gottes. (1. Petrus 4,10)

Treuer Gott,
vor uns liegt eine schwierige Verhandlung.
Es geht um vieles.
Die Fronten sind verhärtet.
Jeder hat bisher seinen Vorteil gesucht.
Wir haben uns festgefahren.
Auch ich bin nicht frei von Schuld.

Gib deinen Segen auf diese Verhandlung.
Hilf uns, ehrlich miteinander zu reden,
die jeweiligen Ziele und Absichten vorzutragen,
die Grenzen zu nennen
und eine gemeinsame Lösung zu suchen.

Gib deinen Heiligen Geist in unser Gespräch,
dass wir deinem Willen gerecht werden
und den Menschen dienen, die du uns anvertraust.

Gib, dass ich tu mit Fleiß,
was mir zu tun gebühret,
wozu mich dein Befehl
in meinem Stande führet.
Gib, dass ich's tue bald,
zu der Zeit, da ich soll,
und wenn ich's tu, so gib,
dass es gerate wohl.

Hilf, dass ich rede stets,
womit ich kann bestehen;
lass kein unnützlich Wort
aus meinem Munde gehen;
und wenn in meinem Amt
ich reden soll und muss,
so gib den Worten Kraft
und Nachdruck ohn Verdruss.

(Johann Heermann, EG 495)

NACH EINER SCHWIERIGEN VERHANDLUNG — ABSPRACHEN HALTEN

Ertragt einer den andern in Liebe, und seid darauf bedacht, zu wahren die Einigkeit im Geist durch das Band des Friedens: ein Leib und ein Geist, wie ihr auch berufen seid zu einer Hoffnung eurer Berufung; ein Herr, ein Glaube, eine Taufe; ein Gott und Vater aller, der da ist über allen und durch alle und in allen. (Epheser 4,2b–6)

Barmherziger Gott,
es war schwierig.
Wir sind zu einem Ergebnis gekommen.
Dir danken wir für den gefundenen Weg.

Nun lass die Gedanken ruhen,
dass wir Fehler nicht nachtragen,
das Ergebnis nicht neu in Frage stellen
und uns nicht rechtfertigen zu Lasten anderer.
Lass uns mit der gefundenen Entscheidung
leben und arbeiten.

Hilf uns,
getroffene Absprachen zu halten,
vereinbartes Stillschweigen zu wahren,
unsere Augen nach vorne zu richten
und uns deinem Segen anzuvertrauen.

Ach bleib mit deinem Glanze
bei uns, du wertes Licht;
dein Wahrheit uns umschanze,
damit wir irren nicht.

Ach bleib mit deinem Segen
bei uns, du reicher Herr;
dein Gnad und alls Vermögen
in uns reichlich vermehr.

Ach bleib mit deiner Treue
bei uns, mein Herr und Gott;
Beständigkeit verleihe,
hilf uns aus aller Not.

(Josua Stegmann, EG 347)

Denn Gott hat uns nicht gegeben den Geist der Furcht, sondern der Kraft und der Liebe und der Besonnenheit. (2. Timotheus 1,7)

Guter Gott,
es ist großartig.
Ich hätte keinen Menschen finden können,
der mich besser versteht,
der besser zu mir passt
und der so wenig auszusetzen hat an mir.
Ich danke dir.

Warum bin ich unsicher?

Warum lade ich ihn ein?
Warum weise ich ihn zurück?

Ich sollte doch glücklich sein.
Ich sollte doch tanzen und lachen.
Andere neiden mir mein Glück.
Ich schweige über meine Zweifel.

Guter Gott,
wie ein Herbstblatt im Wind
bin ich offen für jeden Zweifel
und süchtig nach jedem Kuss.

Hilf mir.

Freunde, dass der Mandelzweig
wieder blüht und treibt,
ist das nicht ein Fingerzeig,
dass die Liebe bleibt?

(EG reg., BT 659, W 655, Text: Schalom Ben-Chorin [nach Jeremia 1,11],
© [Text]: Hänssler Verlag, D-71088 Holzgerlingen)

Dein Wort ist meines Fußes Leuchte und ein Licht auf meinem Wege.
(Psalm 119,105)

Treuer Gott,
Liebe, so schön sie ist,
ist uns ein Rätsel,
bleibt ein Geheimnis.
Liebe hat nicht nur helle Farben,
sie wirft auch Schatten,
bringt uns durcheinander.

Treuer Gott,
wir suchen gemeinsam nach einem Weg,
der gut ist für ...
Sie liebt und möchte doch frei sein.
Sie liebt und fürchtet die Bindung.
Sie liebt und weiß nicht,
ob es wirklich Liebe ist.

Wir bitten dich um Hilfe und Klärung.
Wir bitten dich um einen Weg,
der nicht verletzt und trennt,
der aber auch nicht in ungewollte Abhängigkeit führt.

Sei mit deiner Liebe bei ...,
dass sie ihren Weg findet,
ihre Angst verliert
und glücklich wird.

Wir wollen Freiheit, um uns selbst zu finden,
Freiheit, aus der man etwas machen kann.
Freiheit, die auch noch offen ist für Träume,
wo Baum und Blume Wurzeln schlagen kann.
Herr, deine Liebe ist wie Gras und Ufer,
wie Wind und Weite und wie ein Zuhaus.
Frei sind wir da, zu wohnen und zu gehen.
Frei sind wir, ja zu sagen oder nein.

(Ernst Hansen, EG reg., BEL 653, BT 638, W 643,
Rechte: Strube Verlag, München-Berlin)

Gebete für die Seelsorge

Und wenn ich prophetisch reden könnte und wüsste alle Geheimnisse und alle Erkenntnis und hätte allen Glauben, so dass ich Berge versetzen könnte, und hätte die Liebe nicht, so wäre ich nichts.
(1. Korinther 13,2)

Treuer Gott,
vor mir liegt einladend die Zukunft,
auf mir lastet schwer die Vergangenheit.

Du kennst meine schlechten Erfahrungen.
Ich habe schon einmal vertraut
und bin enttäuscht worden.
Nicht nur das:
Mir ist vertraut worden
und ich habe enttäuscht.

Nun holt mich die Vergangenheit ein.
Ich liebe und bin misstrauisch zugleich.
Ich werde geliebt und weiß nicht,
ob ich halten kann, was sich mein Freund verspricht.

Ich möchte vertrauen.
Zeige mir einen Weg,
den wir gehen können,
ohne uns zu verlieren
und ohne zu enttäuschen.

Lass uns in deinem Namen, Herr,
die nötigen Schritte tun.
Gib uns den Mut, voll Glauben, Herr,
heute und morgen zu handeln.

Lass uns in deinem Namen, Herr,
die nötigen Schritte tun.
Gib uns den Mut, voll Liebe, Herr,
heute die Wahrheit zu leben.

(Kurt Rommel, EG reg., BT 634,
Rechte: Strube Verlag, München–Berlin)

Darum werft euer Vertrauen nicht weg, welches eine große Belohnung hat. (Hebräer 10,35)

Treuer Gott,
zwei Menschen sind hier, die sich lieben.
Eigentlich müssten sie glücklich sein,
den Menschen gefunden zu haben,
dessen Weg man auf Dauer teilen will.

Du kennst Wege und Umwege.
Du weißt, beiden ist es nicht einfach.
Du kennst die Geschichte,
du kennst die gescheiterten Ehen,
die beteiligten Kinder,
den Wunsch, keine Fehler mehr zu machen.

Sie zweifeln einer nicht am anderen.
Sie zweifeln an sich selbst.

Gib ihrer Liebe einen Grund,
ihrem Vertrauen festen Boden,
ihrer Hoffnung neue Nahrung
und ihrer Entscheidung deinen Segen.

Sanftmut den Männern!
Großmut den Frauen!
Liebe uns allen,
weil wir sie brauchen.

Flügel den Lahmen!
Lieder den Stummen!
Träume uns allen,
weil wir sie brauchen.

Ehrfurcht den Starken!
Mut den Gejagten!
Friede uns allen,
weil wir ihn brauchen.

(Zulu, Dt. von Gerhard Schöne, EG reg., HN 633, © Gerhard Schöne)

Gebete für die Seelsorge

Ich bin darin guter Zuversicht, dass der in euch angefangen hat das gute Werk, der wird's auch vollenden bis an den Tag Christi Jesu.
(Philipper 1,6)

Ewiger Gott,
du kennst die Not,
um die unsere Gedanken kreisen.
Wir haben uns verstanden und geliebt.
Und nun können wir nicht mehr miteinander reden,
ohne uns zu streiten und uns gegenseitig zu verletzen.
Wir haben die gemeinsame Sprache verloren.

Misstrauen wurde gesät,
Schweigen ist aufgegangen,
Fehler wurden gemacht
und beschwichtigt,
Versprechen nicht gehalten,
meist Kleinigkeiten.

Das alles steht wie ein Berg vor uns.
Hilf uns zurück zu einer gemeinsamen Sprache.
Hilf uns zu neuem Vertrauen.
Bewahre uns vor weiteren Fehlern.
Ordne unsere Wege.

O Herr, mach mich zu einem Werkzeug deines Friedens,
dass ich Liebe übe, wo man sich hasst,
dass ich verzeihe, wo man sich beleidigt,
dass ich verbinde, da, wo Streit ist,
dass ich die Wahrheit sage, wo der Irrtum herrscht,
dass ich den Glauben bringe, wo der Zweifel drückt,
dass ich die Hoffnung wecke, wo Verzweiflung quält,
dass ich ein Licht anzünde, wo die Finsternis regiert,
dass ich Freude mache, wo der Kummer wohnt.
(Normandie, EG 416)

Lasst die Sonne nicht über eurem Zorn untergehen. (Epheser 4,26)

Barmherziger Gott,
im Zorn sind Dinge geschehen,
die nicht gut sind.
Böse Worte sind gefallen, Vorwürfe stehen im Raum.
Einer versucht den anderen zu verletzen,
Gift macht sich breit.

Gnädiger Gott,
sie brauchen eine Auszeit vom Zorn.

Sie meinen nicht, was sie sagen.
Sie verletzen mit verbissener Miene.
Sie ducken sich vor den eigenen Schlägen.
Sie sind außer sich.

Hilf ihnen,
erlittene Schmerzen
nicht mit gleicher Münze zurückzuzahlen.
Schenke ihnen die Größe,
auf das letzte Wort zu verzichten.
Streiche auf Zeit jedes »aber« aus ihrem Wortschatz.

Treuer Gott,
baue Brücken über Gräben,
nimm dich ihrer Wunden an,
schenke ihnen einen neuen,
gemeinsamen Traum.
Entdecke ihnen ihre verlorene Liebe,
ihre verleugnete Zärtlichkeit,
ihre verborgene Sehnsucht.

Wir singen für die Liebe, wir singen für den Mut,
damit auch wir uns üben und unsre Hand auch tut,
was das Gewissen spiegelt, was der Verstand uns sagt,
dass unser Wort besiegelt, was unser Herr gewagt.

(Peter Spangenberg, EG reg., R 678, © Peter Spangenberg)

Gott sei uns gnädig und segne uns, er lasse sein Antlitz leuchten, dass man auf Erden erkenne seinen Weg. (Psalm 67,2f.)

Barmherziger Gott,
ein Mensch ist in Not,
steht am Scheideweg
und weiß keinen Rat.
Weiß nicht, ob Versprechen noch gelten,
ob wahr ist, was gesagt wird,
ob Vertrauen einen Grund hat.

Barmherziger Gott,
du schenkst den Menschen die Gabe der Liebe,
du bist treu, auch wenn wir immer wieder schuldig werden.
Du hast diese Ehe gesegnet,
den Eheleuten deine Nähe und deine Begleitung verheißen.

Nun bitten wir dich
um Hilfe in dieser Not, um guten Rat,
um Bewahrung dieser Ehe und Familie.
Nimm dich der Ehepartner an,
nimm dich der Kinder an.
Verhilf zu einem Neuanfang
im Vertrauen auf Umkehr und Vergebung,
im Blick auf deine Verheißung,
in der Hoffnung auf deinen Schutz.

Lenke unser aller Schritte
auf einen guten Weg.

Aufgetan ist die Welt,
tausend Wege durchs Land. –
Welchen geh ich? Welcher ist mein?
Welcher soll mein Lebensweg sein?
Setze mir, Gott, ein Zeichen,
das auf den rechten Weg mich stellt!
Setze mir, Gott, ein Zeichen,
das auf den rechten Weg mich stellt!

(Kurt Rose 1987, EG reg., NB 567, Rechte: Strube Verlag, München-Berlin)

Wie sich ein Vater über Kinder erbarmt, so erbarmt sich der Herr über die, die ihn fürchten. (Psalm 103,13)

Barmherziger Gott,
wir sind in Sorge
um Gesundheit und Leben
eines lieben Menschen.

Noch wissen wir wenig.
Noch kennen wir nur vorsichtige
Diagnosen und Prognosen.
Aber das Drohende lähmt uns.
Wir sind tief erschrocken.

Nun kommen wir zu dir
und legen dir unsere Sorge ans Herz.
Wir bitten dich um Bewahrung und Heilung.
Wir bitten dich um Segen für ...,
für die Familie, für Ärzte und Therapeuten.
Wir bitten um die rechten Worte,
um offenes und vertrautes Miteinander.
Gib uns die Kraft, helfend zur Seite zu stehen,
und schenke uns Vertrauen in deinen
heiligen Willen.

Sei mit deiner Gnade bei ... und bei uns allen.
Herr, erbarme dich.

Auch deines Hauptes Haare
sind wohl von ihm gezählt.
Er bleibt der Wunderbare,
dem kein Geringstes fehlt.
Den keine Meere fassen
und keiner Berge Grat,
hat selbst sein Reich verlassen,
ist dir als Mensch genaht.

(EG 379, Text: Jochen Klepper 1938, Geburtstagslied, Vers 3, aus:
Ders., Ziel der Zeit – Die gesammelten Gedichte, Luther-Verlag, Bielefeld 2003)

Bei Gott ist Weisheit und Gewalt, sein ist Rat und Verstand.
(Hiob 12,13)

Treuer Gott,
wir sind unsicher.
Wissen nicht, was richtig ist.
Die Ärzte legen die Entscheidung in unsere Hand.
Und wie wir uns auch entscheiden,
wir fühlen uns schuldig?

Ein lieber Mensch
ist sterbenskrank und leidet.
Was sollen wir tun?
Leben verlängern?
Vielleicht gibt es doch noch Hoffnung?
Das Sterben verkürzen?
Einfach warten,
dem Leiden zusehen?
In die bittenden Augen schauen,
die sagen: Lasst mich doch sterben.

Aber was heißt das?

Ewiger Gott,
in dir ist Anfang und Ende,
Zeit und Ewigkeit.
Sei ... gnädig.
Gib uns Rat.
Vergib uns unsre Schuld.

Der du allein der Ewige heißt
und Anfang, Ziel und Mitte weißt
im Fluge unsrer Zeiten:
bleib du uns gnädig zugewandt
und führe uns an deiner Hand,
damit wir sicher schreiten!

(EG 64, Text: Jochen Klepper 1938, Neujahrslied, Vers 6, aus:
Ders., Ziel der Zeit – Die gesammelten Gedichte, Luther-Verlag, Bielefeld 2003)

Es ist ein köstlich Ding, dass das Herz fest werde, welches geschieht durch Gnade. (Hebräer 13,9b)

Barmherziger Gott,
ein Mensch ist gelähmt
durch Lebensangst und Selbstzweifel.
In den Nächten findet die Seele keine Ruhe,
die Tage sind bestimmt durch dunkle Gedanken,
durch Müdigkeit und Schwermut.

Barmherziger Gott,
wir sind besorgt um dieses Leben.
Es will uns nicht gelingen,
die Angst zu vertreiben
und die Schwermut zu nehmen.
Wir geraten selbst in den Sog der Angst
und spüren unsere Überforderung.

Komm du mit deinem Licht und mit deiner Kraft.
Nimm der Angst den Grund
und der Schwermut die Nahrung.
Gib ... den Mut, zum Arzt zu gehen
und sich ihm anzuvertrauen.

Stärke Glauben und Vertrauen.
Wehre dem Bösen.
Gib ... ein festes Herz.

Sorgen quälen und werden mir zu groß.
Mutlos frag ich: Was wird morgen sein?
Doch du liebst mich, du lässt mich nicht los.
Vater, du wirst bei mir sein.
Meine Zeit steht in deinen Händen.
Nun kann ich ruhig sein, ruhig sein in dir.
Du gibst Geborgenheit, du kannst alles wenden.
Gib mir ein festes Herz, mach es fest in dir.

(EG reg., BEL 644, W 628, Text und Melodie: Peter Strauch,
© Hänssler Verlag, D-71088 Holzgerlingen)

DU MUSST IHN DOCH KENNEN — LEBENSANGST

Wo ist unter euch ein Vater, der seinem Sohn, wenn der ihn um einen Fisch bittet, eine Schlange für den Fisch biete? (Lukas 11,11)

Du, Gott,
hast Schreie erhört.
Elend hat dich berührt.
Eingeladen hast du,
zu bitten, zu klagen, anzuklopfen.

Du, Gott,
das muss doch auch heute und morgen gelten.
Das kann doch nicht gestern gewesen sein,
und dann aus und vorbei.
Du musst ihn doch kennen, musst ihn doch hören.
Er liegt dir im Ohr mit seinem Gebet,
sein Schweigen muss dir doch auf der Seele liegen.

Du, Gott,
er kann nicht mehr.
Ich fürchte das Schlimmste.
Er giert nach Hilfe und kennt keine Grenzen.
Er ist krank vor Angst und hat jedes Maß verloren.
Ich kann ihm nicht helfen.

Es geht nicht um Zuständigkeit.
Es geht um ein Leben, Gott.
Kostbar, verletzlich, verwundet, einzigartig.
Ich lege dir sein Leben ans Herz.
Ich habe ihm einen gnädigen Gott versprochen.
Bitte halte mein Versprechen.

Wenn die Last der Welt dir zu schaffen macht, hört er dein Gebet.
Wenn dich Furcht befällt vor der langen Nacht, hört er dein Gebet.
Er hört dein Gebet, hört auf dein Gebet.
Er versteht, was sein Kind bewegt, Gott hört dein Gebet.

(EG reg., W 618; Originaltitel: He will listen to you, Text & Melodie: Mark Heard, Deutsch: Christoph Zehendner, © 1983 Bug and Bear Music/LCS Music Group, Rechte für D, A, CH: CopyCare Deutschland, 71087 Holzgerlingen)

Sei nicht ferne von mir, denn Angst ist nahe; denn es ist hier kein Helfer. (Psalm 22,12)

Sie sagt,
sie sehe nur noch schwarz.
Du hast es gehört, Gott.
Sie sagt wenig.
Aber was sie sagt,
ist dem Tod näher als dem Leben.
Ihre Haut schmerzt,
ihr Gang ist müde,
ihre Augen sind leer,
die Stimme ist leise,
ihr Vertrauen verbraucht.
Als ob sie von außen zuschaue,
wie sie langsam stirbt.

Ich finde keinen Weg mehr zu dieser Seele.
Sie nickt, wenn ich rede,
aber meine Worte erreichen sie nicht.
Sie lässt es zu, wenn ich sie berühre,
aber sie spürt es nicht.
Sie hat sich zurückgezogen auf engsten Raum.

Du, Herr, sei nahe.
Eile, ihr zu helfen.

Nichts soll dich ängsten, nichts soll dich quälen;
wer sich an Gott hält, dem wird nichts fehlen.
Nichts soll dich ängsten, nichts soll dich quälen:
Dich trägt Gott. Amen.

(Nach Teresa de Jesús vor 1582, EG reg., W 574)

Fürchte dich nicht, glaube nur! (Markus 5,36b)

Er hat dich verloren, Gott.
Er sagt,
sein Kinderglaube sei weggebrochen
und Neues wachse nicht nach.

Und doch sucht er nach Antworten,
weil ein Mensch nur mit Fragen
nicht leben kann.

Du hast Thomas
den Zweifel genommen
und dem Synagogenvorsteher
die Furcht.
Den Verlorenen schenkst du
alle Aufmerksamkeit,
den Kranken deine Nähe
und den Beladenen Ruhe für die Seele.

Nun nimm dich dieses Zweifelnden an.
Wir bitten dich,
dass er auch unter uns
in der Gemeinde
gelebtem und überzeugendem
Glauben begegnet.

Ich möchte Glauben haben, der über Zweifel siegt,
der Antwort weiß auf Fragen und Halt im Leben gibt.
Ich möchte Hoffnung haben für mich und meine Welt,
die auch in dunklen Tagen die Zukunft offen hält.
Ich möchte Liebe haben, die mir die Freiheit gibt,
zum andern ja zu sagen, die vorbehaltlos liebt.
Herr, du kannst alles geben: dass Glauben in mir reift,
dass Hoffnung wächst zum Leben und Liebe mich ergreift.
(Eberhard Borrmann, EG reg., BT 622)

EIN ALTER MENSCH WEINT UND FRAGT

Christus spricht: Ich bin die Auferstehung und das Leben. Wer an mich glaubt, der wird leben, auch wenn er stirbt; und wer da lebt und glaubt an mich, der wird nimmermehr sterben. (Johannes 11,25f.)

Treuer Gott,
ein alter Mensch weint,
ein alter Mensch fragt.

Ewiger Gott,
ein alter Mensch blickt auf sein Leben
und will wissen, ob da noch etwas ist
nach all den Umwegen und angesichts der leeren Hände.
Ob da noch etwas ist,
wenn alle Rechnungen durchgerechnet
und alle Bücher gelesen sind.
Ja oder nein.

Barmherziger Gott,
ein alter Mensch möchte eine einfache Antwort.
Möchte glauben können wie ein Kind.

Sprich du zu uns beiden.
Ein einfaches Wort.
Ja, ich bin der Herr, dein Gott.
Ja, ich bin bei euch alle Tage.
Ja, ich bin die Auferstehung und das Leben.

Ich hör die Botschaft: Jesus lebt!
Herr, hilf, dass sich mein Herz erhebt
aus Kummer, Zweifel, Angst und Leid!
Mach es für deinen Trost bereit!
Herr, steh mir bei!

Ich hör die Botschaft: Jesus lebt!
Ihr Boten, die ihr Hoffnung gebt,
führt mich zum Auferstandnen hin,
dass ich bei ihm geborgen bin!
Herr, steh mir bei!

(Friedrich Hofmann 1985, EG reg., BT 558)

Prüft alles, und behaltet das Gute! (1. Thessalonicher 5,21)

Was ist gut, Herr?
Was schadet?
Was ist dein Wille?
Was ist der rechte Weg?

Unser Gott,
du hast uns Urteilsvermögen geschenkt,
aber wir können irren.
Du schenkst uns dein Wort,
wir können missverstehen.
Wir leben in der Gemeinschaft der Christen,
doch es gibt so viele Richtungen.

Hilf,
dass wir
das Gute erkennen,
deinem Wort vertrauen
und in der Gemeinschaft bleiben.

Und wenn wir irren,
geh uns nach,
dass wir uns nicht verlieren.

Ich bitte nicht um Überfluss
und Schätze dieser Erden.
Lass mir, so viel ich haben muss,
nach deiner Gnade werden.
Gib mir nur Weisheit und Verstand,
dich, Gott, und den, den du gesandt,
und mich selbst zu erkennen.

(Christian Fürchtegott Gellert, EG reg., Ö 637)

SCHULD — NUN IST ES AUSGESPROCHEN

Um deines Namens willen, Herr, vergib mir meine Schuld, die so groß ist!
(Psalm 25,11)

Gnädiger Gott,
nun ist ausgesprochen,
was lastet und quält.
Nun hat die Schuld einen Begriff,
die Opfer tragen einen Namen,
der Irrweg ist benannt.

Wir bitten dich:
Erbarme dich und vergib die Schuld.

Doch da sind
Leidtragende, Opfer,
Getäuschte und Belogene.
Die Schuld ist nicht wieder gut zu machen.
Was war, ist nicht zu vergessen.
Und doch hofft ein Mensch,
der Schuld bereut,
auf Vergebung.

Heiliger Gott,
zeige Wege aus dem Dunkel ins Licht,
führe uns aus der Schuld in die Vergebung,
rette uns aus dem Tod ins Leben.

Die Schuld ist ausgesprochen.
Nun sprich du dein heilendes Wort.
Herr, erbarme dich.

Sprich du das Wort, das tröstet und befreit
und das mich führt in deinen großen Frieden.
Schließ auf das Land, das keine Grenzen kennt,
und lass mich unter deinen Kindern leben.
Sei du mein täglich Brot, so wahr du lebst.
Du bist mein Atem, wenn ich zu dir bete.

(Lothar Zenetti, EG 382, © Lothar Zenetti)

So ist's ja besser zu zweien als allein; denn sie haben guten Lohn für ihre Mühe. Fällt einer von ihnen, so hilft ihm sein Gesell auf. Weh dem, der allein ist, wenn er fällt! Dann ist kein anderer da, der ihm aufhilft. (Prediger 4,9f.)

Treuer Gott,
noch sitzen wir an einem Tisch, manchmal.
Noch reden wir miteinander.
Doch häufig ersetzen schon kurze, hingeworfene
Sätze auf Notizzetteln das Gespräch.

Wenn einer kommt, geht eben der andere.
Wir organisieren
das Auto, den Kühlschrank,
das Badezimmer, die Termine der Kinder
und die Klingeltöne der Handys.

Wir laufen auseinander.
Wir leben nebeneinander.
Unsere Familie stirbt einen frühen, schleichenden Tod.
Wir hatten uns das ganz anders vorgestellt, damals.

Gott,
unterbrich unseren Tanz ums goldene Ich.
Nimm uns den Tunnelblick.
Halte du die Verbindung.

Selig seid ihr, wenn ihr einfach lebt.
Selig seid ihr, wenn ihr Lasten tragt.

Selig seid ihr, wenn ihr lieben lernt.
Selig seid ihr, wenn ihr Güte wagt.

Selig seid ihr, wenn ihr Leiden merkt.
Selig seid ihr, wenn ihr ehrlich bleibt.

Selig seid ihr, wenn ihr Frieden macht.
Selig seid ihr, wenn ihr Unrecht spürt.

(EG reg., BEL 667, BT 644, Text: Friedrich Karl Barth, Peter Horst, Musik: Peter Janssens, aus: »Uns allen blüht der Tod, 1979«,
alle Rechte in Peter Janssens Musik Verlag, Telgte [Westfalen])

TRENNUNG, SCHEIDUNG — ES GEHT NICHT MEHR MITEINANDER

*Weise mir, Herr, deinen Weg, dass ich wandle in deiner Wahrheit;
erhalte mein Herz bei dem einen, dass ich deinen Namen fürchte.
(Psalm 86,11)*

Treuer Gott,
ein gemeinsamer Weg
endet in Trennung und Scheidung.
Das Gemeinsame
hat nicht mehr getragen,
die Liebe ist erkaltet,
es geht nicht mehr miteinander.

Nun bitten wir dich:
Vergib eigene und fremde Schuld.
Erhalte die gegenseitige Achtung,
auch wenn das schwierig ist.
Lass uns nicht weiter nach Fehlern suchen,
nicht länger uns gegenseitig verletzen.
Lass uns Verständigung suchen,
wo wir gemeinsam Verantwortung tragen.
Segne die Wege,
die wir getrennt gehen.
Baue Brücken,
wenn wir uns begegnen.

Dass nichts uns trenne von deiner Liebe,
nicht das Vergangene und nicht das Kommende,
darum bitten wir dich.

Führe mich, o Herr, und leite
meinen Gang nach deinem Wort;
sei und bleibe du auch heute
mein Beschützer und mein Hort.
Nirgends als von dir allein
kann ich recht bewahret sein.

(Heinrich Albert, EG 445)

Gebete für die Seelsorge

SIE KANN NICHT MEHR	ÜBERLASTUNG

*Und der Engel des Herrn kam zum zweiten Mal wieder und rührte ihn
an und sprach: Steh auf und iss! Denn du hast einen weiten Weg vor dir.
(1. Könige 19,7)*

Mein Gott,
sie kann nicht mehr.
Leer ist sie,
ohne Lebensfreude,
alle Energie ist verbraucht.

Dein Heiliger Geist
befreit und richtet auf.
Dein Heiliger Geist
zeigt feste Wege und weiten Raum.
Dein Heiliger Geist
schenkt freien Atem und klare Sicht.
Dein Heiliger Geist
macht Mut zu ehrlichem Ja und Nein.

Unterbrich das tödliche Geben und Nehmen.
Schenke ihr eine heilende Auszeit.
Komm, Heiliger Geist.

Ich lobe meinen Gott, der meine Tränen trocknet, dass ich lache.
Ich lobe meinen Gott, der meine Angst vertreibt, damit ich atme.
Ehre sei Gott auf der Erde in allen Straßen und Häusern,
die Menschen werden singen, bis das Lied zum Himmel steigt.
Ehre sei Gott und den Menschen Frieden,
Frieden auf Erden.

(Hans-Jürgen Netz, EG reg., BEL 628, BT 615,
aus: Mein Liederbuch, Band 1, © tvd-Verlag Düsseldorf, 1981)

HEITERE MASKEN

Wende dich zu mir und sei mir gnädig; denn ich bin einsam und elend.
(Psalm 25,16)

Gott,
du kennst das.
Sie reden, haben aber kein Gespür.
Sie grüßen, und haben dich schon wieder vergessen.

Ein Mensch ist einsam.
Spielt freundliche Rollen,
trägt heitere Masken,
kontrolliert jedes Wort,
gibt sich keine Blöße,
erlaubt sich keine Schwäche.

Ein Mensch ist einsam.
Sehnt sich nach ehrlicher Nähe,
nach verlässlicher Vertrautheit.

Nimm die Angst.
Schenke Mut und Vertrauen.
Heile die Einsamkeit.

Meine engen Grenzen,
meine kurze Sicht
bringe ich vor dich.
Wandle sie in Weite:
Herr, erbarme dich.

Meine ganze Ohnmacht,
was mich beugt und lähmt,
bringe ich vor dich.
Wandle sie in Stärke:
Herr, erbarme dich.

Mein verlornes Zutraun,
meine Ängstlichkeit
bringe ich vor dich.
Wandle sie in Wärme:
Herr, erbarme dich.

Meine tiefe Sehnsucht
nach Geborgenheit
bringe ich vor dich.
Wandle sie in Heimat:
Herr, erbarme dich.

(Eugen Eckert 1981, EG reg., HN 584, aus: Aus Liebe zum
Menschen, © Studio Union im Lahn-Verlag, Limburg–Kevelaer)

Und sie gebar ihren ersten Sohn und wickelte ihn in Windeln und legte ihn in eine Krippe; denn sie hatten sonst keinen Raum in der Herberge.
(Lukas 2,7)

Jeder Mensch braucht eine Heimat.
Jeder Mensch braucht Mitmenschen.
Gott, du weißt das.

Nun lebt sie schon seit Monaten hier.
Niemand hat seither ihre Wohnung betreten,
nur der Vermieter, der Installateur
und jemand von der Post,
um den Telefonanschluss neu zu legen.
Das war's an Mitmenschen.

Sie waren ja auch noch nicht da,
sagt sie zu mir nach dem Gottesdienst.
Ohne Vorwurf. Es ist so.
Ich war auch noch nicht da.

Sie redet mit Nachrichtensprechern
und Moderatorinnen.
Sie hört Stimmen, die sie nicht meinen,
und sieht Augen, die sie nicht sehen.
Sie ist neu hier und eine Fremde geblieben.

Ich klage dir ihre Einsamkeit, Gott.
Ich klage dir unseren Tanz um das eigene Ich, Gott.
Ich klage dir die Kälte in dieser Herberge, Gott.

Anders als damals in Bethlehem:
Da wäre Raum. Doch da ist kein Mensch.

Damit aus Fremden Freunde werden,
gibst du uns deinen Heilgen Geist,
der, trotz der vielen Völker Grenzen,
den Weg zur Einigkeit uns weist.

(Rolf Schweizer, EG reg., BEL 612, W 657, © by Bärenreiter-Verlag, Kassel)

Gott ist's, der in euch wirkt beides, das Wollen und das Vollbringen, nach seinem Wohlgefallen. (Philipper 2,13)

Barmherziger Gott,
du kennst die Not von ...
und seiner Familie.
Durch eigenes Verschulden
und durch die Verantwortungslosigkeit anderer
herrscht großes Elend.
Das Geld fehlt,
die Schulden sind hoch,
niemand will noch einmal helfen.

Gib ... Einsicht in die eigenen Fehler.
Gib ihm die Kraft, sich wirklich zu ändern.
Schenke ihm gute Berater und treue Freunde.
Wehre der Unbarmherzigkeit.
Schenke ihm einen Weg,
der durch eigene Umkehr
und durch Hilfe anderer
aus dem Elend herausführt.
Bewahre ihn vor neuen Fehlern.
Mache ihn stark gegen Versuchungen.

Er ist dein geliebtes Geschöpf,
dein Ebenbild.
Lass ihn
seinen Wert erkennen.

Ich lieg im Streit und widerstreb,
hilf, o Herr Christ, dem Schwachen;
an deiner Gnad allein ich kleb,
du kannst mich stärker machen.
Kommt nun Anfechtung her, so wehr,
dass sie mich nicht umstoße;
du kannst machen,
dass mir's nicht bringt Gefähr.
Ich weiß, du wirst's nicht lassen.

(Johann Agricola, EG 343)

Gebete für die Seelsorge

ICH BIN SCHULDIG GEWORDEN — BEICHTGEBET ZUM NACHSPRECHEN

Vergib uns unsere Schuld. (Matthäus 6,12)

[Die Pfarrerin/ der Pfarrer spricht einzelne Sätze eines Beichtgebetes vor, die/der Beichtende spricht nach.]

Lassen Sie uns gemeinsam beten,
indem Sie mir jeweils die Worte nachsprechen:

Barmherziger Gott,
> barmherziger Gott,

Mein Gewissen plagt mich.
> Mein Gewissen plagt mich.

Ich bin schuldig geworden.
> Ich bin schuldig geworden.

[Konkrete Schuld kurz nennen, z.B.
Ich habe die Ehe gebrochen. Oder:
Ich fühle mich schuldig am Tod eines Menschen ...]

Ich komme allein nicht zurecht mit meiner Schuld.
> Ich komme allein nicht zurecht
> mit meiner Schuld.

Ich bereue, was ich getan habe.
> Ich bereue, was ich getan habe.

Ich möchte meine Schuld los sein.
> Ich möchte meine Schuld los sein.

Barmherziger Gott,
> Barmherziger Gott,

vergib mir meine Schuld um Jesu Christi willen.
> vergib mir meine Schuld um Jesu Christi willen.

Hilf mir zu einem Neuanfang.
> Hilf mir zu einem Neuanfang.

Gott, sei mir *Sünder/Sünderin* gnädig.
> Gott, sei mir *Sünder/Sünderin* gnädig.

O Herr, nimm unsre Schuld, die Dinge, die uns binden,
und hilf, dass wir durch dich den Weg zum andern finden.
(Hans-Georg Lotz 1964, EG 235,
Rechte: Verlag Singende Gemeinde, Wuppertal)

WÄHREND EINES BEICHTGESPRÄCHES — DIE SEELE IST WUND

Unsre Hilfe steht im Namen des Herrn, der Himmel und Erde gemacht hat. (Psalm 124,8)

[Gelegentlich ist ein strukturiertes Beichtgespräch nicht möglich. Die/Der Beichtende ist zu nervös, gejagt und durcheinander. Neben einer angemessenen Gesprächsführung kann auch ein kurzes, in das Gespräch eingebettetes Gebet hilfreich sein.]

Barmherziger Gott,
du spürst, diese Seele ist wund.
Überall tut es weh.
Was immer wir ansprechen:
Angst, Hilflosigkeit, Misstrauen, Schuldgefühle.
... sieht keinen Ausweg.
Sie/Er ist verzweifelt.

Nun hilf uns gemeinsam
im Gespräch, im Gebet,
im Schweigen und im Zuspruch
ruhiger zu werden,
die Gedanken zu sammeln,
im Vertrauen zu reden
und in Liebe zu hören.

Gott, komm uns zu Hilfe.
Herr, fülle diesen Raum mit Frieden.
Sei bei uns mit deinem Segen.

Ich suche deine Spuren;
du bist das Licht der Welt,
das allen Kreaturen
ihr Licht gibt und erhält.
Zu dir nur will ich fliehn,
zu dir, o heilger Meister,
zu dir, du Geist der Geister.
Sonst weiß ich nicht, wohin.

(Philipp Friedrich Hiller, EG reg., BEL 636)

Und als er ihren Glauben sah, sprach er: Mensch, deine Sünden sind dir vergeben. (Lukas 5,20)

Noch ist das Herz gefangen
und die Seele wund.
Du, barmherziger Gott,
hast Schuld vergeben,
schenkst Raum und Weite,
Kraft und Hoffnung.
Du hast ... mit dir versöhnt.
Wir danken dir für deine Hilfe.

Nun bitten wir dich:
Hilf ..., deiner Vergebung zu trauen,
deine Versöhnung zu glauben
und die Befreiung anzunehmen.

Du weißt, wie leicht wir zurückfallen
in Kleinglauben, Angst und Gewissensnot.
Du weißt, wie oft wir uns selbst und untereinander
festlegen auf Vergangenes.
Nun hilf zu einem wirklichen Neuanfang.

... ist angewiesen auf die Vergebung anderer.
Du hast den Weg bereitet.
Nun segne die Schritte zum Frieden.

Ach bleib mit deiner Treue
bei uns, mein Herr und Gott;
Beständigkeit verleihe,
hilf uns aus aller Not.
(Josua Stegmann, EG 347)

BEIM TAUFGESPRÄCH   WAS FÜR EINE FREUDE

Danket dem Herrn, denn er ist sehr freundlich; denn seine Güte währet ewiglich. (Psalm 136,1)

Was ist das für eine Freude,
Gott.
Ein Kind ist gesund geboren,
die Mutter ist bewahrt,
die Eltern sind glücklich,
wir freuen uns auf die Taufe.

Hände und Füße spielen,
Augen entdecken,
der Mund sucht, die Stimme ruft.
Leben aus deiner Fülle.

Die Eltern wollen ihr Glück teilen,
dankbar vertrauen sie dir das junge Leben an
und bitten um deinen Segen.

Die Gemeinde freut sich mit den Eltern.
Hilf uns, Kind und Eltern
freundliche, offene und verständige Partner zu sein.

Segne diese junge Familie,
erhalte die Liebe der Eltern,
lass ... gesund und in Frieden aufwachsen
und ihr/sein Leben gelingen.

Gott, der du alles Leben schufst
und uns durch Christus zu dir rufst,
wir danken dir für dieses Kind
und alles Glück, das nun beginnt.

Wir bitten dich, Herr Jesu Christ,
weil du ein Freund der Kinder bist,
nimm dich des jungen Lebens an,
dass es behütet wachsen kann.

(Detlev Block, EG 211, aus: In deinen Schutz genommen. Geistliche Lieder, 4., durchges. und erw. Aufl. 2001, Vandenhoeck&Ruprecht, Göttingen)

Gebete für die Seelsorge

UNSER KIND IST ANDERS ALS DIE ANDEREN — BEIM TAUFGESPRÄCH

Nehmt einander an, wie Christus euch angenommen hat zu Gottes Lob.
(Römer 15,7)

Treuer Gott,
du hast den Eltern ein Kind geschenkt.
Es ist anders als die anderen Kinder.
Sein Weg wird nicht einfach sein.
Es ist krank.
[Oder: behindert,
ggf. kurze Beschreibung der Beeinträchtigung].

In ihrer Liebe und Fürsorge
machen sich die Eltern Gedanken
um die Zukunft.

Herr, wir bitten dich für dieses Kind,
das du uns geschenkt hast
und das wir von Herzen lieben:
Lass es teilhaben am Leben, Glück und Erfüllung finden,
Liebe und Vertrauen spüren.
Gib uns die nötige Kraft bei der Erziehung
und stärke unsere Liebe alle Tage.

Voller Hoffnung bringen wir ... zur Taufe.
Aus dem Mund der Unmündigen
hast du eine Macht zugerichtet.
Nimm unsere Furcht.
Du rufst ... mit ihrem/seinem Namen.
Du meinst es gut mit uns.

Befiehl du deine Wege
und was dein Herze kränkt
der allertreusten Pflege
des, der den Himmel lenkt.
Der Wolken, Luft und Winden
gibt Wege, Lauf und Bahn,
der wird auch Wege finden,
da dein Fuß gehen kann.

(Paul Gerhardt, EG 361)

Christus spricht: Lasst die Kinder zu mir kommen und wehret ihnen nicht, denn solchen gehört das Reich Gottes. (Markus 10,14)

Treuer Gott,
wir sind glücklich und dankbar.
Du hast die Zeit der Schwangerschaft begleitet
von der Zeugung bis zur Geburt dieses Kindes.
Du hast den Eltern in Sorgen Hoffnung geschenkt
und im Glück deinen Halt.
Du hast ihnen Wichtiges anvertraut:
Leben – klein und schutzbedürftig
und doch kräftig und voller Energie.
Jeden Tag beobachten sie Neues.
Sie staunen über die Wunder des Lebens
vom ersten Ultraschallbild
bis heute
an jedem neuen Tag,
wenn ihr Kind sie mit großen Augen anschaut,
voller Erwartung und Vertrauen.
Wir danken dir.

Wir bitten dich:
Bewahre …
fördere *ihre/seine* Gaben,
schenke *ihr/ihm* Freunde und Frieden mit allen Menschen,
lass *sie/ihn* glücklich werden in diesem Leben,
lieben und gestalten lernen.

Lass dieses Kind für andere ein Segen sein.
Bewahre die Liebe der Eltern.
Schenke ihnen das rechte Maß beim
Behüten und Loslassen,
Leiten und Begleiten,
Mahnen und Gedulden.
Segne diese Familie.

Wir bringen ... zur Taufe.
Nimm dies Kind als dein Kind an.
Schenke ihm ewiges Heil.
Es ist so schön, dass es ... gibt.
Dein Segen ist sichtbar bei uns.
Nun segne auch *ihre/seine* Taufe.

Hab Lob und Ehr, hab Preis und Dank
für die bisher'ge Treue,
die du, o Gott, mir lebenslang
bewiesen täglich neue.
In mein Gedächtnis schreib ich an:
der Herr hat Großes mir getan,
bis hierher mir geholfen.

(Ämilie Juliane von Schwarzburg-Rudolstadt, EG 329)

Wenn ich sehe die Himmel, deiner Finger Werk, den Mond und die Sterne, die du bereitet hast: Was ist der Mensch, dass du seiner gedenkst, und des Menschen Kind, dass du dich seiner annimmst? (Psalm 8,4f.)

Gott,
unser Kind ist so klein
und die Welt ist so groß!
Ob es sich zurechtfindet?

Unser Kind ist so schwach
und die Gefahren sind so zahlreich!
Ob es glücklich werden wird?

Unser Kind ist so angewiesen
und die Menschen sind oft so falsch!
Ob es vertrauen und lieben lernt?

Gott,
wir wollen dir unser Kind zur Taufe bringen.
Du hast die Welt geschaffen,
du siehst die Gefahren,
du lenkst die Herzen der Menschen.
Segne und beschütze unser Kind.

Bewahre uns, Gott, behüte uns, Gott,
sei mit uns durch deinen Segen.
Dein Heiliger Geist, der Leben verheißt,
sei um uns auf unsern Wegen,
dein Heiliger Geist, der Leben verheißt,
sei um uns auf unsern Wegen.
(Eugen Eckert, EG 171, Rechte: Strube Verlag, München–Berlin)

Du stellst meine Füße auf weiten Raum. (Psalm 31,9)

Das Leben ist offen,
Gott.

Unsere Liebe hat Tore geöffnet,
Vorurteile zerschlagen
und Fragen geklärt.
Wir wollen beieinander bleiben
ein Leben lang,
in Glück und Krankheit,
in Freude und Not.
Wir wollen heiraten.
Gib du uns deinen Segen.

Weite spüren wir.
Aus den vielen Möglichkeiten
haben wir uns für eine entschieden,
für unsere Ehe.
Dankbar spüren wir diese Weite.

Überzeugt und mutig sagen wir Ja.
Nun gib du unserer Ehe deinen Segen.

Herr, erbarm, erbarme dich.
Lass uns deine Güte schauen;
deine Treue zeige sich,
wie wir fest auf dich vertrauen.
Auf dich hoffen wir allein:
lass uns nicht verloren sein.

(Ignaz Franz, EG 331)

Ich beschwöre euch, ihr Töchter Jerusalems, dass ihr die Liebe nicht aufweckt und nicht stört, bis es ihr selbst gefällt. (Hoheslied 8,4)

Treuer Gott,
wir haben uns lieb. Wir wollen heiraten.
Wir planen unsere Hochzeit.

Wir hören gut gemeinte Ratschläge.
Wir hören Erwartungen.
Viele machen sich Gedanken.
Viele planen unsere Hochzeit.

Es ist schwer, allen gerecht zu werden,
den Eltern und Großeltern,
den Verwandten und Freunden.

Wir möchten nur heiraten,
zusammengehören für immer, unsere Liebe feiern.
Und sie machen ein Drama daraus,
wissen alles besser und meinen gar nicht uns.

Lass uns einen Weg finden,
dass unser Hochzeitstag richtig schön wird,
ein Fest unserer Liebe, ein Fest deines Segens.

Gott, wir preisen deine Wunder,
die es in der Schöpfung gibt,
und das größte ist darunter,
dass ein Mensch den andern liebt.
So hast du die Welt verschönt
und mit Gnade uns gekrönt.

Gib, dass sie sich glücklich machen
und vertrauen, Frau und Mann,
dass im Weinen und im Lachen
ihre Liebe reifen kann
und auch in Enttäuschung nicht
die versprochne Treue bricht.

(Detlev Block, EG reg., BEL 602, aus: In deinen Schutz genommen. Geistliche Lieder, 4., durchges. und erw. Aufl. 2001, Vandenhoeck&Ruprecht, Göttingen)

Furcht ist nicht in der Liebe, sondern die vollkommene Liebe treibt die Furcht aus; denn die Furcht rechnet mit Strafe. Wer sich aber fürchtet, der ist nicht vollkommen in der Liebe. (1. Johannes 4,17b f.)

Gott der Liebe.
Zwei Menschen lieben einander.
Zwei Menschen vertrauen einander.
Wir sehen vor uns den Weg.
Beide wollen ihn für immer gemeinsam gehen.

Segne du diese Ehe.
Am Anfang wollen wir einen Gottesdienst feiern.
Dich um deinen Segen bitten für die beiden.

Segne sie,
dass sie teilen können ohne Angst zu kurz zu kommen;
dass sie lieben können ohne Angst zu verlieren;
dass sie warten können ohne Angst zu versäumen;
dass sie Frieden stiften können ohne Angst vor der Blöße;
dass sie leben können ohne Angst vor dem Tod.

Du schenkst Liebe und Vertrauen.
Du bist Licht und Weg.
Du bist Wahrheit und Leben.

Den Weg wollen wir gehen,
die Liebe geht mit uns:
Auf dem langen und steinigen,
auf dem weiten und unbequemen,
auf dem Weg, der die Mühe lohnt,
auf dem Weg, der die Mühe lohnt.

(Hans-Jürgen Netz, Vom Leben singen, Neue geistliche Lieder,
© by Gustav Bosse Verlag, Kassel)

Den Frieden lasse ich euch, meinen Frieden gebe ich euch. Nicht gebe ich euch, wie die Welt gibt. Euer Herz erschrecke nicht und fürchte sich nicht. (Johannes 14,27)

Herr über Leben und Tod,
… ist gestorben.
Wir sind traurig,
haben noch wenig Worte für das Geschehene,
stehen noch ganz unter dem Eindruck
der letzten Stunden und Tage.

Unsere Gedanken, unsere Zeit,
unser Alltag waren ganz geprägt
von diesem Sterben,
von Besuchen und Versuchen
zu lindern, zu trösten, nahe zu sein.

Wir bereiten die Bestattung vor.
Sie soll geprägt sein von Dankbarkeit und Würde.
Wir stellen uns ein auf ein Leben ohne …
Das geht nicht so schnell.
Wir haben geliebt und sind geliebt worden.

Gib unserer Trauer einen Halt,
unserem Leben eine Stütze
in den Tagen, die vor uns liegen.
Uns ist es schwer ums Herz.
Schenke … dein Heil
und unserer Seele Ruhe.
Dein ist das Reich und die Kraft
und die Herrlichkeit in Ewigkeit.

Lob dem, der unser Vater ist,
und seinem Sohne Jesus Christ,
dem Geist auch, der uns Trost verleiht,
vordem, jetzt und in Ewigkeit.

(EG 453, Jochen Klepper, 1939, Ambrosianischer Morgengesang, Vers 5, aus: Ders., Ziel der Zeit – Die gesammelten Gedichte, Luther-Verlag, Bielefeld 2003)

Herr, du bist unsre Zuflucht für und für. Ehe denn die Berge wurden und die Erde und die Welt geschaffen wurden, bist du, Gott, von Ewigkeit zu Ewigkeit. (Psalm 90,1f.)

Ewiger Gott,
noch sind die Gedanken nicht geordnet,
noch quälen Fragen.
Wir fragen nach Verantwortung,
suchen nach eigener Schuld.

Ein lieber Mensch ist gestorben.
Wichtiges blieb unausgesprochen.
Manches blieb ungeklärt.
Du kennst unsere Gedanken,
siehst in unser Herz.

Nun lass uns ... in Frieden zu Grabe legen.
Lass uns in Dankbarkeit
Abschied nehmen.
Schenke ... dein Heil
in Ewigkeit.
Und lehre uns, mit deiner Gnade
in unseren Grenzen zu leben.

Du kannst nicht tiefer fallen
als nur in Gottes Hand,
die er zum Heil uns allen
barmherzig ausgespannt.

Es münden alle Pfade
durch Schicksal, Schuld und Tod
doch ein in Gottes Gnade
trotz aller unsrer Not.

Wir sind von Gott umgeben
auch hier in Raum und Zeit
und werden sein und leben
in Gott in Ewigkeit.

(EG 533, Text: Arno Pötzsch, © Rechtsnachfolger des Urhebers,
verwaltet durch den Verlag Junge Gemeinde, Leinfelden-Echterdingen)

Ich bin der Herr, dein Gott, der deine rechte Hand fasst und zu dir spricht: Fürchte dich nicht, ich helfe dir! (Jesaja 41,13)

Barmherziger Gott,
wie einen Albtraum erleben wir diese Tage.
Niemand begreift das Geschehene,
alle sind sprachlos.
Es kann doch nicht sein,
dass ein Leben so schnell endet.

Die Familie ist wie gelähmt.
Über Freunden, Verwandten,
Nachbarn und Kollegen
liegt ein Schatten.

Wir bitten dich jetzt
um deine heilende Nähe.
Nur um deine Nähe,
nicht um Antwort,
nicht um Erklärungen.
Nur dass wir etwas spüren
gegen die Sinnlosigkeit,
gegen die Leere.

Ordne unsern Gang,
Jesu, lebenslang.
Führst du uns durch rauhe Wege,
gib uns auch die nöt'ge Pflege;
tu uns nach dem Lauf
deine Türe auf.

(Nikolaus Ludwig von Zinzendorf, EG 391)

Verlass mich nicht, Herr, mein Gott, sei nicht ferne von mir! Eile, mir beizustehen, Herr, du meine Hilfe! (Psalm 38,22f.)

Ewiger Gott,
verlass mich nicht.
Ich habe Angst.
Ich kann nicht reden.
Hilf mir.
Bewahre mein Leben.
Sei mir gnädig.

Hilf, Helfer, hilf in Angst und Not,
erbarm dich mein, du treuer Gott!
Ich bin ja doch dein liebes Kind
trotz Teufel, Welt und aller Sünd.

Ich trau auf dich, o Gott, mein Herr.
Wenn ich dich hab, was will ich mehr?
Ich hab ja dich, Herr Jesu Christ,
du mein Gott und Erlöser bist.

Des freu ich mich von Herzen fein,
bin guten Muts und harre dein,
verlass mich gänzlich auf dein Wort.
Hilf, Helfer, hilf, du treuer Hort!

(Nikolaus Selnecker von Martin Moller, EG reg., BT 625)

Fürchte dich nicht, ich bin mit dir; weiche nicht, denn ich bin dein Gott. Ich stärke dich, ich helfe dir auch, ich halte dich durch die rechte Hand meiner Gerechtigkeit. (Jesaja 41,10)

Barmherziger Gott,
Schlimmes ist geschehen.
Wende noch schlimmeren Schaden ab.
Hilf schnell.

Wir sind in Sorge um das Leben von Menschen.
Lass Ärzte und Helfer das Richtige tun,
dass sie bedrohtes Leben retten
und besorgte Menschen aufrichten können.

Halte deine schützende Hand über uns.
Den Verunglückten gib Kraft,
den Verletzten erhalte das Leben,
den Verstörten sei nahe,
den Verzweifelten gib Trost.

Barmherziger Gott,
dir vertrauen wir,
dass du das Böse
zum Guten wendest.

Befiehl du deine Wege
und was dein Herze kränkt
der allertreusten Pflege
des, der den Himmel lenkt.
Der Wolken, Luft und Winden
gibt Wege, Lauf und Bahn,
der wird auch Wege finden,
da dein Fuß gehen kann.

(Paul Gerhardt, EG 361)

Gebete für die Seelsorge

Herr, mein Fels, meine Burg, mein Erretter; mein Gott, mein Hort, auf den ich traue, mein Schild und Berg meines Heiles und mein Schutz! (Psalm 18,3)

Ewiger Gott,
die Not ist groß.
Wir können nicht mehr helfen.
Ein Mensch stirbt.

Hab Dank für sein Leben,
für die Güte, die er erfahren,
und für das Gute, das er getan hat.
Vergib, was er dir und seinen Nächsten
schuldig geblieben ist.

Bewahre seine Seele.
Nimm ihn auf in dein Reich.
Lass ihn im Sterben und im Tod
dein Licht und deine Klarheit sehen.
Und schenke ihm dereinst
Auferstehung und ewiges Leben.
Tröste alle, die ihn lieb hatten.
Vergib denen, die an ihm schuldig geworden sind.

Segne uns, Herr!
Lass dein Angesicht leuchten über uns
und sei uns gnädig.
Dein Frieden sei über dem Sterbenden,
über uns und über deiner ganzen Schöpfung.

Erscheine mir zum Schilde,
zum Trost in meinem Tod,
und lass mich sehn dein Bilde
in deiner Kreuzesnot.
Da will ich nach dir blicken,
da will ich glaubensvoll
dich fest an mein Herz drücken.
Wer so stirbt, der stirbt wohl.

(Paul Gerhardt, EG 85)

Seht, welch eine Liebe hat uns der Vater erwiesen, dass wir Gottes Kinder heißen sollen – und wir sind es auch! (1. Johannes 3,1)

Gott,
der dich in Liebe geschaffen
und dir dein Leben geschenkt hat,

segne deinen Weg,
dass dir kein Unglück geschieht,
segne deine Seele,
dass sie bewahrt bleibt vor Schaden,
segne deine Hände,
dass sie offen bleiben und Gutes tun,
segne deine Füße,
dass du aufrecht durchs Leben gehst,
segne deine Gedanken,
dass sie dich nicht in die Irre leiten,
segne deinen Mund,
dass deine Worte nicht verletzen,
segne deine Augen,
dass sie den Glanz der Schöpfung sehen,
segne deine Ohren,
dass sie offen bleiben für die Not anderer,
segne dein Vertrauen,
dass es wächst und nicht enttäuscht wird.

Der Glaube an Gottes Liebe
säume alle deine Wege.
Du bist sein Kind.

Wir bitten dich, Herr Jesu Christ,
weil du ein Freund der Kinder bist,
nimm dich des jungen Lebens an,
dass es behütet wachsen kann.

(Detlev Block, EG 211, aus: In deinen Schutz genommen. Geistliche Lieder, 4., durchges. und erw. Aufl. 2001, Vandenhoeck&Ruprecht, Göttingen)

SEGNUNG ZUR KONFIRMATION — SEGENSZUSAGE FÜR EINZELNE

Es sollen wohl Berge weichen und Hügel hinfallen, aber meine Gnade soll nicht von dir weichen, und der Bund meines Friedens soll nicht hinfallen, spricht der Herr, dein Erbarmer. (Jesaja 54,10)

Gott segne dich.

Du wirst eigene Wege gehen.
Gott möge sie freundlich begleiten.

Du wirst umziehen, neue Freunde finden,
alte Freunde verlieren.
Gott möge nah an deinem Herzen bleiben.

Dein Glaube wird mit dir wachsen,
wird krank werden und heilen.
Gott selbst möge ihn pflegen.

Du wirst neue Gaben entdecken und alte Fehler machen.
Gott möge deine Gaben fördern und die Fehler verzeihen.

Du wirst lieben und geliebt werden.
Du wirst enttäuschen und enttäuscht werden.
Die Liebe Gottes möge dich nie enttäuschen.

Wo immer du lebst – wenn um dich
ein wenig Eis schmilzt und Leben erwacht,
dann bist du ein Ort Gottes.
Mehr braucht es nicht.

Wenn um dich Eis schmilzt,
bist du nie lange allein,
Gott hat seine Freude an dir
und du bist ein Segen.

Es heißt, dass einer mit mir geht,
der's Leben kennt, der mich versteht,
der mich zu allen Zeiten kann geleiten.
Es heißt, dass einer mit mir geht.

(Hanns Köbler, EG 209, © by Gustav Bosse Verlag, Kassel)

Gott ist die Liebe; und wer in der Liebe bleibt, der bleibt in Gott und Gott in ihm. (1. Johannes 4,16b)

Gott hat euch
ein Kind geschenkt,
Frucht eurer Liebe,
Zeichen seiner Freundlichkeit.

Er segne eure Familie,
erhalte und stärke eure Liebe,
schenke euch Geduld und Vertrauen,
Weisheit und Mut
bei der Erziehung eures Kindes.

Wenn ihr zweifelt und schwach werdet,
mögen euch neue Kräfte wachsen,
die Kraft der Nachsicht,
das Geschenk der Besonnenheit,
die Gabe der Hoffnung.

Gott stärke euren Glauben.
Er segne euch.

Er gebe uns ein fröhlich Herz,
erfrische Geist und Sinn
und werf all Angst, Furcht, Sorg und Schmerz
ins Meeres Tiefe hin.
(Paul Gerhardt, EG 322)

PATENSEGEN — SEGENSZUSAGE FÜR EINZELNE

Lasst uns festhalten an dem Bekenntnis der Hoffnung und nicht wanken; denn er ist treu, der sie verheißen hat. (Hebräer 10,23)

Die Eltern vertrauen dir.
Gott hat dich berufen.
Der Heilige Geist gibt dir Kraft und Phantasie.
Die Kirche Jesu Christi
vertraut dir das Patenamt an diesem Kind an.

Der dreieinige Gott schenke dir Liebe zu diesem Kind,
und erhalte das Vertrauen der Eltern.

Er schenke dir Weisheit bei schwierigen Fragen,
Geduld in Spannungen
und Nachsicht bei Fehlern.

Der Heilige Geist
festige deinen Glauben,
halte dich bei der Kirche Jesu Christi
und schenke dir Worte und Zeichen der Liebe.

Gott segne dich und dein Amt.

Wir wollen diesem Kinde
recht gute Freunde sein
und laden es mit Freude
in die Gemeinde ein,
und laden es mit Freude
in die Gemeinde ein.

(Kurt Rommel, EG reg., BEL 590, BT 575,
Rechte: Strube Verlag, München-Berlin)

Macht meine Freude dadurch vollkommen, dass ihr eines Sinnes seid, gleiche Liebe habt, einmütig und einträchtig seid. (Philipper 2,2)

Der Gott der Liebe
hat euch zusammengeführt,
euch eure Liebe geschenkt
und das Vertrauen in eine gemeinsame Zukunft.

So segne euch Gott,
dass ihr in Liebe beieinander bleibt,
dass ihr Vertrauen schenkt
und Vertrauen spürt,
dass ihr Freiheit gewährt
und gewährte Freiheit nicht missbraucht,
dass ihr gemeinsam entdeckt,
was Gottes Wille
und welches euer Weg ist.

Der Gott der Liebe
hat euch zusammengeführt.
Er schenke euch Freude aneinander,
Geduld miteinander und
Vertrauen zueinander.
Nun geht euren Weg
mit dem Segen des Herrn.

Dass Erde und Himmel dir blühen,
dass Freude sei größer als Mühen,
dass Zeit auch für Wunder, für Wunder dir bleib
und Frieden für Seele und Leib!

(EG reg., W 569, Text: Kurt Rose,
Rechte: Verlag Singende Gemeinde, Wuppertal)

EHESEGEN — SEGENSZUSAGE FÜR EINZELNE

Gott ist die Liebe; und wer in der Liebe bleibt, der bleibt in Gott und Gott in ihm. (1. Johannes 4,16b)

Gott hat euch geführt.
Ihr habt euch gefunden.
Gott ist die Liebe.
Für eure Liebe sucht ihr seinen Segen.
Gott ist bei euch.
Bleibt in seiner Liebe.

So geht nun euren gemeinsamen Weg
getragen von seiner Liebe,
ermutigt durch seine Verheißung,
geleitet von seinem Wort.

Gott segne eure Ehe,
erhalte und erneuere eure Liebe,
schenke euch Kinder und Kindeskinder
und gewähre euch Frieden mit Nahen und Fernen.
Mögen Suchende euer Glück teilen.
Mögen Bedürftige eure Hilfe erfahren
und Schwache sich an eurer Kraft aufrichten.

Nach Irrwegen und Fehlern
schenke euch Gott die Macht der Vergebung.
In Krankheit und Not
schenke euch Gott die Macht der Hoffnung.
In Einsamkeit und Zweifel
schenke euch Gott die Macht der Geduld.

So segne euch der allmächtige und barmherzige Gott,
der Vater, der Sohn und der Heilige Geist.

Wo ein Mensch sich selbst verschenkt
und den alten Weg verlässt,
fällt ein Tropfen von dem Regen,
der aus Wüsten Gärten macht.

(Hans-Jürgen Netz, EG reg., BT 648, aus: Ökumene heute,
Mein Liederbuch 2, © tvd-Verlag Düsseldorf, 1991)

SEGENSZUSAGE FÜR EINZELNE — TRENNUNGSSEGEN

Seid barmherzig, wie auch euer Vater barmherzig ist. Und richtet nicht, so werdet ihr auch nicht gerichtet. Verdammt nicht, so werdet ihr nicht verdammt. Vergebt, so wird euch vergeben. (Lukas 6,36f.)

[Am Ende eines gemeinsamen Lebensweges, der durch die Entscheidung der beiden Ehepartner getrennt wurde, kann auf Bitte der beiden, die nun getrennte Wege gehen, ein Segen zugesprochen werden.]

Der barmherzige Gott
segne eure Wege,
die verbunden waren zu einem Weg
und die sich nun trennen.

Der barmherzige Gott
schütze euch vor gegenseitigem Streit und Hass,
er bewahre das Gute des Vergangenen in euren Herzen
und tilge das Böse aus eurem Sinn.

Der barmherzige Gott
schenke euch neu und bleibend
das Vertrauen in nahe Menschen,
die Bereitschaft zu lieben
und die Kraft zu vergeben.

Der barmherzige Gott
erlöse euch von der Last des Vergangenen,
heile die Wunden eure Seele,
befreie euch zu aufrechtem Gang
und schenke euch eine Zukunft in Frieden.

Bewahre uns, Gott, behüte uns, Gott,
sei mit uns durch deinen Segen.
Dein Heiliger Geist, der Leben verheißt,
sei um uns auf unsern Wegen,
dein Heiliger Geist, der Leben verheißt,
sei um uns auf unsern Wegen.
(Eugen Eckert, EG 171, Rechte: Strube Verlag, München–Berlin)

Gebete für die Seelsorge

Herr, lass mich wieder genesen und leben! Siehe, um Trost war mir sehr bange. Du aber hast dich meiner Seele herzlich angenommen, dass sie nicht verdürbe; denn du wirfst alle meine Sünden hinter dich zurück. (Jesaja 38,16.17)

Der allmächtige Gott,
der in Liebe die Welt geschaffen hat
und sie in Weisheit lenkt,
kennt auch dich, weiß, was dir fehlt,
und ist dir nah.

Er schenke dir
Kraft in deiner Schwäche,
Heilung in deiner Not,
Genesung von deiner Krankheit.

Der allmächtige Gott
sei um dich wie die Mutter um ihr Kind,
wie die Mauer um eine Burg.

Der allmächtige Gott
segne dich,
dass du wieder Freude findest am Leben,
am aufrechten Gang und am Klang der Welt;
dass du noch Tage und Jahre
leben kannst, ihm zum Lob
und deinen Nächsten zum Segen.

So segne dich der allmächtige und barmherzige Gott,
Vater, Sohn und Heiliger Geist.

Sieh nicht an unsre Sünde groß,
sprich uns davon aus Gnaden los,
steh uns in unserm Elend bei,
mach uns von allen Plagen frei,
auf dass von Herzen können wir
nachmals mit Freuden danken dir,
gehorsam sein nach deinem Wort,
dich allzeit preisen hier und dort.
(Paul Eber, EG 366)

Siehe, ich bin mit dir und will dich behüten, wo du hinziehst, und will dich wieder herbringen in dies Land. (1. Mose 28,15)

Geh mit Gottes Segen.

Er halte schützend seine Hand über dir,
bewahre deine Gesundheit und dein Leben
und öffne dir Augen und Ohren
für die Wunder der Welt.

Er schenke dir Zeit
zu verweilen, wo es deiner Seele bekommt.
Er schenke dir Muße
zu schauen, was deinen Augen wohl tut.
Er schenke dir Brücken,
wo der Weg zu enden scheint,
und Menschen,
die dir in Frieden Herberge gewähren.

Der Herr segne, die dich begleiten und dir begegnen.
Er halte Streit und Übles fern von dir.
Er mache dein Herz froh, deinen Blick weit
und deine Füße stark.

Der Herr bewahre dich und uns
und schenke uns ein glückliches Wiedersehen.

Freuet euch der schönen Erde,
denn sie ist wohl wert der Freud.
O was hat für Herrlichkeiten
unser Gott da ausgestreut!
(Philipp Spitta, EG 510)

UMKEHRSEGEN — SEGENSZUSAGE FÜR EINZELNE

Ich sage euch: So wird auch Freude im Himmel sein über einen Sünder, der Buße tut, mehr als über neunundneunzig Gerechte, die der Buße nicht bedürfen. (Lukas 15,7)

Du bist schuldig geworden.
Gott hat dir durch Jesus Christus vergeben.
Du bist falsche Wege gegangen.
Gott hat dich gefunden.
Du willst neue Wege gehen.
Gott wird bei dir sein.

Der allmächtige Gott
ändere deinen Sinn vom Bösen zum Guten.
Seine Liebe
richte dich auf.
Seine Gnade
öffne dir Türen und baue dir Brücken.
Sein Wort
sei dir eine Landkarte zum Glück.

Als Befreiter binde los.
Als Gefundener suche.
Als Geretteter bewahre.
Als Geliebter liebe.
Als Gesegneter sei ein Segen.
Nun geh im Frieden des Herrn.

Im Frieden dein, o Herre mein,
lass ziehn mich meine Straßen.
Wie mir dein Mund gegeben kund,
schenkst Gnad du ohne Maßen,
hast mein Gesicht das sel'ge Licht,
den Heiland, schauen lassen.

(Friedrich Spitta, EG 222)

Gebete für die Seelsorge

*Herr, nun lässt du deinen Diener in Frieden fahren, wie du gesagt hast;
denn meine Augen haben deinen Heiland gesehen. (Lukas 2,29f.)*

Der allmächtige und ewige Gott,
der Schöpfer und Vater,
der dir das Leben geschenkt,
der dich mit Güte und Liebe bis hierher bewahrt hat,
sei dir gnädig
und geleite dich ins ewige Leben.

Der allmächtige und ewige Gott,
der Sohn,
der alle Sünde von dir genommen,
der dir alle seine Liebe gegeben hat,
rette dich aus aller Not
und geleite dich ins ewige Leben.

Der allmächtige und ewige Gott,
der Heilige Geist,
der seit deiner Geburt dich in deinem Atem begleitet,
der dein Leben reich gemacht hat
und deinen Glauben reifen ließ,
schenke dir ein getrostes Sterben
und geleite dich ins ewige Leben.

Es segne dich der allmächtige und barmherzige Gott,
Vater, Sohn und Heiliger Geist.

Wenn mein Stündlein vorhanden ist
und soll hinfahrn mein Straße,
so g'leit du mich, Herr Jesu Christ,
mit Hilf mich nicht verlasse.
Mein Seel an meinem letzten End
befehl ich dir in deine Händ,
du wollst sie mir bewahren!
(Nikolaus Herman, EG 522)

Geistliche Existenz

Orientierungen

Seht, welch eine Liebe hat uns der Vater erwiesen, dass wir Gottes Kinder heißen sollen – und wir sind es auch! (1. Johannes 3,1)

Ohne Zeiten des Gebets, des inneren Hörens und der Stille verliert der Tag seinen Glanz und der Dienst im Pfarramt seinen Boden. Der Alltag wird strukturiert durch den Terminkalender.

Gegen die drohende geistliche Verarmung hat die Tradition der Kirche schon immer das gemeinsame Gespräch der Schwestern und Brüder und persönliche Zeiten der Stille und Meditation gesetzt. Beides ist gelegentlich durchaus zu verbinden.

Es sind hier drei einfache Strukturierungsvorschläge für stille Tagzeiten gemacht, die Wert auf Wiederholungen legen und etwa die Zeit von 20 Minuten beanspruchen; die Stille am Mittag ist etwas verkürzt.

STILLE ZEIT AM MORGEN

Einleitung:
Im Namen des Vaters und des Sohnes und des Heiligen Geistes. Amen

Meine Seele ist stille zu Gott, der mir hilft. (Psalm 62,2)

Wochenpsalm
Der Wochenpsalm wird – wenn möglich – laut gelesen und in der sich anschließenden Stille memoriert mit dem Ziel, ihn am Wochenende auswendig sprechen zu können.

Stille

Wochenspruch

Fürbitte für die Gemeinde:
Ich danke dir, treuer Gott,
dass du uns und deiner Schöpfung
einen neuen Morgen geschenkt hast.
Nun lass uns dein Geschenk öffnen,
dir zum Lob und deiner Schöpfung zum Segen.

Ich bitte dich für den Tag in unserer Gemeinde:
Segne alle Dienste, die in deinem Namen geschehen.

Segne alle Veranstaltungen, die vorbereitet sind
und zu denen wir eingeladen haben.

Viele haben sich für heute etwas Besonderes vorgenommen,
sie stehen an Wegkreuzungen, vor Entscheidungen,
beginnen den Tag mit Sorgen und Angst.
Erhöre die Gebete.
Viele haben den guten Willen,
doch es fehlt ihnen die Kraft zum rechten Handeln.
Lass das Gute gelingen.

Besonders bitte ich dich für ...
und für ...

Behüte uns vor Unfall, Krankheit und anderer Not.
Stärke die Liebe untereinander,
die Dankbarkeit füreinander,
das Vertrauen zueinander.
Segne die Ältesten,
die Mitarbeiterinnen und Mitarbeiter mit ihren Familien.
Den Kranken schenke Genesung,
den Sterbenden Trost und Beistand,
den Einsamen Gemeinschaft
und den Verzweifelten Hoffnung.
Stärke deinen Glauben unter uns.
Bleibe bei uns mit deinem Heiligen Geist.
Amen

Stille

Bitte für den Tag:
Barmherziger Gott,
gib mir deinen Engel an die Seite,
deinen Geist in mein Tun
und Freude in mein Herz.
Lass mich Zeugnis geben von deiner Liebe,
zeige mir, wo du mich brauchst,
gib mir das rechte Maß, dass ich mich nicht übernehme.

Du hast mich in deinen Dienst berufen.
Ich möchte zuverlässig sein,
den Menschen zugewandt und aufmerksam.
Nun gib dem Reden wie dem Schweigen,
dem Tun wie dem Lassen
deinen Segen.
Amen

Stille

Vaterunser

Wochenlied

Segensbitte:
Herr, segne uns und behüte uns.
Herr, lass dein Angesicht leuchten über uns
und sei uns gnädig.
Herr, hebe dein Angesicht über uns
und schenke uns deinen Frieden.

Stille Zeit am Mittag

Einleitung:
Im Namen des Vaters und des Sohnes und des Heiligen Geistes. Amen

Meine Seele ist stille zu Gott, der mir hilft. (Psalm 62,2)

Gebet:
Treuer Gott,
der Tag vergeht wie im Flug.
Vieles ist noch offen.
Ich will innehalten und sortieren:
Was ist heute noch wichtig?
Was braucht besondere Kraft?
Was sollte ich heute lassen?
Auf wen muss ich mich jetzt einstellen?
Schenke mir etwas Ruhe,
um Kraft zu sammeln.
Amen

Stille

Epistel des nächsten Sonntags

Stille

Gebet:
Treuer Gott,
die meisten sind nun mitten bei der Arbeit,
haben wenig Zeit innezuhalten.
Für sie bitte ich dich:
Vollende du das Begonnene.
Den Entmutigten gib neue Kraft,
bewahre vor Unfällen,
gib deinen Segen auf Arbeit und Dienst,
auf Familie und Ehe.

Besonders bitte ich dich für ...
und für ...

Gib deiner Kirche Segen,
fördere die weltweite Gemeinschaft der Christen,
schaffe und wahre den Frieden,
stärke unseren Glauben.
Amen

Stille

Vaterunser

Lied:
Der Tag ist seiner Höhe nah.
Nun blick zum Höchsten auf,
der schützend auf dich niedersah
in jedes Tages Lauf.

Die Hände, die zum Beten ruhn,
die macht er stark zur Tat.
Und was der Beter Hände tun,
geschieht nach seinem Rat.
(Jochen Klepper, EG 457)

Segensbitte:
Herr, segne uns und behüte uns.
Herr, lass dein Angesicht leuchten über uns
und sei uns gnädig.
Herr, hebe dein Angesicht über uns
und schenke uns deinen Frieden.

Stille Zeit am Abend

Einleitung:
Im Namen des Vaters und des Sohnes und des Heiligen Geistes. Amen

Meine Seele ist stille zu Gott, der mir hilft. (Psalm 62,2)

Wochenpsalm

Stille

Gebet:
Der Tag ist vergangen, guter Gott.
Ich danke dir für dein Geleit,
für das Gelungene und für die Freude,
die du mir geschenkt hast.

(Stiller Rückblick auf den Tag)

Meine Fehler vergib
und gib mir eine neue Möglichkeit,
das Rechte zu tun.
Was liegen geblieben ist,
nimm von meiner Seele,
dass ich loslassen und in Frieden schlafen kann.
Das Schöne und Gelungene bewahre
in meiner Erinnerung
für Zeiten des Selbstzweifels.
Schenke mir die Ruhe der Nacht,
einen guten Schlaf
und ein gesundes Erwachen für einen neuen Tag.

Stille

Evangelium des nächsten Sonntags

Stille

Barmherziger Gott,
ein Tag in unserer Gemeinde,
in unserem Dorf und Land,
ein Tag in unserem Leben
kommt an sein Ende.

Vergib das Böse,
lindere die Not,
heile das Zerbrochene,
stärke die Schwachen,
wärme die Einsamen,
erleuchte die Blinden,
nimm unseren Dank
und lösche die Schuld.

Dein Segen sei mit uns
in dieser Nacht.

Stille

Vaterunser

Lied:
Abend ward, bald kommt die Nacht,
schlafen geht die Welt;
denn sie weiß, es ist die Wacht
über ihr bestellt.

Einer wacht und trägt allein
ihre Müh und Plag,
der lässt keinen einsam sein,
weder Nacht noch Tag.

Jesu Christ, mein Hort und Halt,
dein gedenk ich nun,
tu mit Bitten dir Gewalt:
Bleib bei meinem Ruhn.

Wenn dein Aug ob meinem wacht,
wenn dein Trost mir frommt,
weiß ich, dass auf gute Nacht
guter Morgen kommt.
Rudolf Alexander Schröder, EG 487)

Segensbitte:

Meine Seele ist still und ruhig geworden wie ein kleines Kind bei seiner Mutter; wie ein kleines Kind, so ist meine Seele in mir. (Psalm 131,2)

Herr, segne uns und behüte uns.
Herr, lass dein Angesicht leuchten über uns
und sei uns gnädig.
Herr, hebe dein Angesicht über uns
und schenke uns deinen Frieden.

*Lass mich am Morgen hören deine Gnade; denn ich hoffe auf dich.
Tu mir kund den Weg, den ich gehen soll; denn mich verlangt nach dir.
(Psalm 143,8)*

Ein leeres Blatt,
nicht mehr als das Datum am Beginn eines Briefes,
der erste Schrei eines eben geborenen Kindes
oder die ersten Takte einer Ouvertüre:
Ein neuer Tag aus deiner Hand, Gott.

Alles ist offen,
wird in den kommenden Stunden gefüllt werden
mit Sehnsucht und Lärm,
mit Geschäftigkeit und Irrtümern,
mit Liebe und Enttäuschung,
mit Hoffnung und Zweifel.

An jedem Morgen, auch heute,
leuchtet etwas auf,
als ob ich doch von vorne beginnen könnte.

Deine Liebe trotzt allen Festlegungen,
lichtet alle Dunkelheiten und heilt Wunden.

Nun Gott,
lass aufgehen Sonne, Tag, Wege und Türen.
Mit allen Geschöpfen will ich dich preisen und leben.
Du meinst es gut.

Mein ist die Sonne, mein ist der Morgen,
Glanz, der zu mir aus Eden aufbricht!
Dank überschwänglich, Dank Gott am Morgen!
Wiedererschaffen grüßt uns sein Licht.
(Jürgen Henkys nach dem englischen »Morning has broken« von Eleanor Farjeon,
EG 455, Rechte: Strube Verlag, München-Berlin)

Und Gott sah an alles, was er gemacht hatte, und siehe, es war sehr gut. Da ward aus Abend und Morgen der sechste Tag. (1. Mose 1,31)

Woher ich auch komme,
dein Licht war mein Weg.
Wohin ich auch gehe,
deine Hand ist mein Steg.

Und wer ich auch war,
am Anfang warst du,
wer immer ich werde.
du kommst auf mich zu.

Was war und was sein wird,
was bleibt und was hält:
Du lebst, und das ist mir
Haus, Heimat und Zelt.

Du lebst, ich kann hoffen,
du schenkst mir den Sinn,
so bleibe ich offen,
wer immer ich bin.

Führe mich, o Herr, und leite
meinen Gang nach deinem Wort;
sei und bleibe du auch heute
mein Beschützer und mein Hort.
Nirgends als von dir allein
kann ich recht bewahret sein.

(Heinrich Albert, EG 445)

Erforsche mich, Gott, und erkenne mein Herz; prüfe mich und erkenne, wie ich's meine. Und sieh, ob ich auf bösem Wege bin, und leite mich auf ewigem Wege. (Psalm 139,23f.)

Mein Gott,
der Tag steht in seiner Blüte.
Lass mich den Tag feiern,
den du mit Sommerhänden verschenkt hast.

Vieles ist offen.
Manches ist noch zu ändern.
Das letzte Wort ist noch nicht gesprochen.

Anderes lastet schwer.
Sucht noch nach einer Lösung,
braucht einen heilenden Weg
und deine Hilfe.

Der Tag steht in seiner Blüte.
Bevor er welkt,
lass mich stille werden,
die Hände öffnen
und danken.

Der Tag steht in seiner Blüte.
Das Kräftige stärke.
Das Schwache schone.
Das Bedrohte beschütze.
Lass die Frucht reifen,
dass wir am Abend deine Gnade ernten.

Der Tag ist seiner Höhe nah.
Nun stärke Seel und Leib,
dass, was an Segen er ersah,
dir hier und dort verbleib.
(EG 457, Text: Jochen Klepper 1938, Mittagslied, Vers 12, aus:
Ders., Ziel der Zeit – Die gesammelten Gedichte, Luther-Verlag, Bielefeld 2003)

Meine Zeit steht in deinen Händen. (Psalm 31,16)

Gott,
was ist Zeit?

Glatt in meinen Händen.
Flüchtig unter meinen Füßen.
Ein Rätsel meinem Verstand
und eine Last meiner Seele.

Gott,
was ist Zeit?

Balsam für meine Wunden.
Wiege für meine Träume.
Ärgernis für meine Vorbehalte.
Weite für meine Ängste.

Gott,
was ist Zeit?

Was frage ich.
Wenn es nur deine ist,
dann ist sie nicht verloren und vertan.
Dann schnürt sie nicht meine Kehle.
Dann ist sie die Bühne,
auf der ich mich vergesse und tanze
nach deinem Lied.

Meine Zeit steht in deinen Händen.
Nun kann ich ruhig sein, ruhig sein in dir.
Du gibst Geborgenheit, du kannst alles wenden.
Gib mir ein festes Herz, mach es fest in dir.

(EG reg., BEL 644, W 628, Text und Melodie: Peter Strauch,
© Hänssler Verlag, D-71088 Holzgerlingen)

Herr, du erforschest mich und kennest mich. Ich sitze oder stehe auf, so weißt du es; du verstehst meine Gedanken von ferne. Ich gehe oder liege, so bist du um mich und siehst alle meine Wege. Denn siehe, es ist kein Wort auf meiner Zunge, das du, Herr, nicht schon wüsstest. Von allen Seiten umgibst du mich und hältst deine Hand über mir. (Psalm 139,1–5)

Der Tag geht.
Mit ihm all die Möglichkeiten,
die du mir geschenkt hast, Gott.
Mit ihm all die Enttäuschungen,
die ich dir bereitet habe.
Mit ihm all das Gelungene,
die Freude und die kleinen Wunder.
Mit ihm die unerledigten Geschäfte,
die Hoffnungen und die Zweifel.

Nun lass mich am Abend zur Ruhe kommen.
Das, was noch unbedingt zu tun ist
und gesagt werden muss,
lass mich tun und sagen.
Dann nimm es weg aus meiner Seele,
dass ich aufatmen kann,
ich und die Meinen.

Abend ward, bald kommt die Nacht,
schlafen geht die Welt;
denn sie weiß, es ist die Wacht
über ihr bestellt.

Jesu Christ, mein Hort und Halt,
dein gedenk ich nun,
tu mit Bitten dir Gewalt:
Bleib bei meinem Ruhn.

Wenn dein Aug ob meinem wacht,
wenn dein Trost mir frommt,
weiß ich, dass auf gute Nacht
guter Morgen kommt.

(EG 487, Text: Rudolf Alexander Schröder, aus:
Gesammelte Werke Bd. 1, Die Gedichte. © Suhrkamp Verlag 1952)

Und sie nötigten ihn und sprachen: Bleibe bei uns; denn es will Abend werden, und der Tag hat sich geneigt. Und er ging hinein, bei ihnen zu bleiben. (Lukas 24,29)

Du warst Gast bei mir an diesem Tag.
Unmerklich meist hast du mich geführt,
hast mir Gedanken gegeben und Worte.
Hast Brot und Wein mit mir geteilt.
Meist sind mir die Augen nicht aufgegangen.
Meist habe ich dich nicht erkannt.
In den geringsten Schwestern und Brüdern,
in meinen Kindern und Lieben,
unter den Trauernden und Feiernden.

Ich war Gast bei dir
an diesem Tag.
Unbewusst meist.
Ich meinte, ich sei mir meiner Sache sicher,
heute ginge mir alles leicht von der Hand
und ich könne mit mir zufrieden sein.
Ich war Gast an deinem Tisch,
du hast mit mir die Fülle geteilt,
hast mich vor Schlimmem bewahrt,
meine Kinder und meine Lieben.

Bleibe nun bei mir.
Ich möchte bleiben.
Bereite mir die Nacht,
meinen Kindern und Lieben,
den Trauernden und den Feiernden.

Der Tag nimmt ab. Ach schönste Zier,
Herr Jesu Christ, bleib du bei mir,
es will nun Abend werden.
Lass doch dein Licht
auslöschen nicht
bei uns allhier auf Erden.

(Text bei Johannes Eccard, EG 473)

Spräche ich: Finsternis möge mich decken und Nacht statt Licht um mich sein, so wäre auch Finsternis nicht finster bei dir, und die Nacht leuchtete wie der Tag. Finsternis ist wie das Licht. (Psalm 139,11f.)

Die Blüten sind geschlossen.
Die Stimmen werden leiser.
Die Gespräche handeln von Wesentlichem.
Die ersten Lichter sind ausgegangen,
einige Straßen liegen schon dunkel.
Es ist Nacht.

Ich fürchte mich nicht vor der Nacht,
denn du, Gott, bist mehr als die Sonne.
Ich fürchte mich nicht vor der Stille,
denn du, Gott, bist mehr als der Klang.
Ich fürchte mich nicht vor dem Schlaf,
denn du, Gott lässt mich nicht los.

Du mein Halt.
Du mein ewiges Wort.
Du mein Licht im Dunkel.

Der Lärm verebbt, und die Last wird leichter.
Es kommen Engel und tragen mit.
Gott segne alle, die dir vertrauen.
Gib Nacht und Ruhe, wo man heut litt.

(Jürgen Henkys, nach dem schwedischen »Nu sjunker bullret«
von Lars Thunberg, EG reg., BEL 676, P 676,
Rechte: Strube Verlag, München-Berlin)

Ich liebe, die mich lieben, und die mich suchen, finden mich.
(Sprüche 8,17)

Es ist ein weises Ja gesprochen.
Das Ja hat seine Zeit gebraucht.
Die Eile hat es abgelegt,
jedes Aber ist gesprochen,
jedes Vielleicht ausgelotet,
jedes Nein ist geheilt.

Am Ende eines Tages, wünschte ich mir, Gott,
dein weises Ja.

Wir haben es gemeinsam ausgesessen, du und ich.
Wir haben es gemeinsam ausgestritten.
Wir haben es gemeinsam belacht und beweint.

Nun ist es gesprochen
über mein Gebet, über diesen Tag, über alles Leben.
Nun soll Ja auch Ja bleiben.

Dass einer Ja sagt, das kenne ich.
Dass einer Du sagt, das kenne ich.
Dass einer Morgen sagt, das kenne ich.
Meist gibt es zum Ja ein Aber,
zum Du das Kleingedruckte
und zum Morgen ein Vielleicht.
Nun soll Ja auch Ja bleiben.

Nimm alle Zweifel, alles Sorgen aus meinem Sinn,
schenke mir die Ruhe der Nacht
und die Gnade eines neuen Morgens.

Du hast die Lider mir berührt.
Ich schlafe ohne Sorgen.
Der mich in diese Nacht geführt,
der leitet mich auch morgen.

(EG 486, Text: Jochen Klepper, Abendlied, Vers 11, aus:
Ders., Ziel der Zeit – Die gesammelten Gedichte, Luther-Verlag, Bielefeld 2003)

Wes das Herz voll ist, des geht der Mund über. (Lukas 6,45)

Mach mich zu einem Virus,
Gott.
Ich möchte ansteckend leben.
Ich bin so voller Glück,
dass ich schier platze.
Ich muss teilen,
was du mir schenkst.

Die Schöpfung, ein Wunder.
Die Liebe, ein Traum.
Das Leben ein Konzert,
und ich bin dabei.

Aber sie werden mich
kaum verstehen.
Ihre Augen hetzen,
ihre Ohren sind verbraucht,
ihre Seele ist müde,
ihre Träume klingen nicht nach.

Gott, ich will nicht weg von ihnen,
will mich nicht überheben,
will sie nur anstecken
mit meiner Freude.

O dass ich tausend Zungen hätte
und einen tausendfachen Mund,
so stimmt ich damit um die Wette
vom allertiefsten Herzensgrund
ein Loblied nach dem andern an
von dem, was Gott an mir getan.

(Johann Mentzer, EG 330)

Als nun Mose vom Berge Sinai herabstieg, hatte er die zwei Tafeln des Gesetzes in seiner Hand und wusste nicht, dass die Haut seines Angesichts glänzte, weil er mit Gott geredet hatte. (2. Mose 34,29)

Dein Glanz greift tief.
Ich kann mich auf ihn verlassen.
Dankbar staune ich.
Ich bekomme ein Gespür für das Schöne.

Mose ist diesem Glanz begegnet,
Elia und die Frauen am Ostermorgen.
Hier und dort, auf diesem und jenem Gesicht
entdecke ich einen Rest dieses Glanzes.
Im simplen Klumpen Erde, – wenn ich mich bücke.
Im glatt geschliffenen Kiesel nach einem frischen Regen.
Unter der rauen Oberfläche
meines manchmal abweisenden Mitmenschen.
Und selbst in mir, wenn meine Fassade aufbricht.

Ich habe keine Scheu,
von deiner Schönheit zu sprechen,
Gott.
Du bist schön.
Deine Schönheit steckt an.
Dein Glanz reicht tief.

Schenke mir Demut
im Staunen über das Schöne und das Gelingen,
wie auch im Eingeständnis der Grenzen.
Ich bin frei, von dir geschaffen als dein Ebenbild,
zum Wohl der Welt.

O du Glanz der Herrlichkeit,
Licht vom Licht, aus Gott geboren:
mach uns allesamt bereit,
öffne Herzen, Mund und Ohren;
unser Bitten, Flehn und Singen
lass, Herr Jesu, wohl gelingen.
(Tobias Clausnitzer, EG 161)

*Der Vogel hat ein Haus gefunden und die Schwalbe ein Nest für ihre Jungen – deine Altäre, Herr Zebaoth, mein König und mein Gott. Wohl denen, die in deinem Hause wohnen; die loben dich immerdar.
(Psalm 84,4f.)*

Du, Gott, hast mir Gaben geschenkt
und ein Amt anvertraut.

Was gibt es Schöneres,
als dabei mitzuhelfen,
dass Menschen glücklicher werden,
dass sie Frieden finden,
dass Wunden heilen,
dass Vertrauen wächst
und Wahrheit befreit.

Mein Beruf ist ein Geschenk.
Ich danke dir.

Hab Dank für dieses Amt,
wodurch man dich selbst höret,
das uns den Weg zu Gott
und die Versöhnung lehret,
durchs Evangelium
Gemeinde in der Welt
berufet, sammelt, stärkt,
lehrt, tröstet und erhält.

Die du durch deinen Ruf
der Kirche hast gegeben,
erhalt bei reiner Lehr
und einem heilgen Leben;
leg deinen Geist ins Herz,
das Wort in ihren Mund;
was jeder reden soll,
das gib du ihm zur Stund.

(Eberhard Ludwig Fischer, EG reg., BT 584)

Denn ich bin der Herr, dein Gott, der deine rechte Hand fasst und zu dir spricht: Fürchte dich nicht, ich helfe dir! (Jesaja 41,13)

Barmherziger Gott.
manchmal gelingt es,
dass ein Lächeln im Gesicht eines Traurigen bleibt,
der stille Dank in den Augen eines Sterbenden,
das Aufatmen eines Verfolgten,
die Umkehr eines Verirrten,
das Leben eines Insekts
das Lied eines Singvogels,
die Ruhe eines Kranken
der Zauber einer tiefen Liebe,
die Bewahrung eines Unschuldigen
und die Reue eines Täters.
Manchmal gelingt es.

Manchmal bin ich ein taugliches Werkzeug,
eine Herberge,
ein Lot.

Ich danke dir,
dass Menschen auf meinem Weg hin und wieder
neben dem Schleier der Unvollkommenheit
und Fehlerhaftigkeit
Momente des Glanzes entdecken,
mit dem du die Welt so reich beschenkst.

Ich möchte wie ein Brunnen sein, tausend Meter tief,
mit Wasser, frisch und kalt und rein, meinetwegen schief,
doch köstlich für jeden, der trinkt.
Ich möchte gern ein Danklied sein, tausend Strophen lang,
und sind die Töne auch nicht rein, kein perfekter Klang,
doch fröhlich für jeden, der singt,
Ich schöpfe Wasser aus tiefen Quellen,
ruhig fließt seit Zeiten die Kraft,
ich tränke dürre, trockene Erde mit Tau,
mit brunnentiefer, ewigneuer Kraft.

(Gerhard Engelsberger)

Du sollst fröhlich sein über alles Gut, das der Herr, dein Gott, dir und deinem Hause gegeben hat. (5. Mose 26,11)

Umarmen könnte ich dich,
Vater,
ich habe strahlende Gesichter gesehen,
hoffnungsvolle Augen,
lachende Münder.

Tanzen könnte ich mit dir,
Bruder,
ich habe offene Hände gespürt,
freundliche Geschichten,
neue Gedanken.

Singen könnte ich mit dir,
Geist,
ich habe einladende Worte gehört,
mutige Ideen
und ein Ja,
das mich birgt.

Wohlauf, mein Herze, sing und spring
und habe guten Mut!
Dein Gott, der Ursprung aller Ding,
ist selbst und bleibt dein Gut.

Er ist dein Schatz, dein Erb und Teil,
dein Glanz und Freudenlicht,
dein Schirm und Schild, dein Hilf und Heil,
schafft Rat und lässt dich nicht.

(Paul Gerhardt, EG 324)

Ihr seid die Gesegneten des Herrn, der Himmel und Erde gemacht hat.
(Psalm 115,15)

Ich bin gesegnet.
Ich bin mehr als das, was ich war oder was ich sein werde.
Ich bin getauft, geheiligt, ein Ort Gottes.
Ich bin eine Ikone, bin ein lebendiges Bild des Schöpfers.

Ich will mich lieben lassen.
Ich will nicht mein Herz und meine Hände verstecken,
wenn das Land brach liegt
und Menschen mich brauchen.
Ich will vergeben, wie mir vergeben ist.

Ich will die Stille suchen und alles meiden,
was meine und fremde Augen und Ohren beleidigt.
Ich will die Stille suchen. Stille heilt.
Ich will Vertrauen üben mit leeren Händen.

Ich will staunen mit den Augen eines Kindes.
Ich will danken mit dem Herzen eines Geheilten.
Mein Leben sei ein Loblied.
Ich bin gesegnet.

Ich will dich all mein Leben lang,
o Gott, von nun an ehren,
man soll, Gott, deinen Lobgesang
an allen Orten hören.
Mein ganzes Herz ermuntre sich,
mein Geist und Leib erfreue dich!
Gebt unserm Gott die Ehre!
(Johann Jakob Schütz, EG 326)

DANKBAR

... und ich werde bleiben im Hause des Herrn immerdar. (Psalm 23,6b)

Ewiger Gott,
dein Hausgenosse,
vielleicht zu viel der Ehre,
vielleicht zu wenig von dem, was ich hoffte,
und doch das, was jede Frage zum Schweigen bringt.

Ich bitte dich,
mich bei dir wohnen zu lassen,
hier und dort, jetzt und nach all dem,
was ich fassen kann als mein Leben.
Schenke mir nur eins,
dass ich nicht schon wieder meine,
da müsste noch mehr sein.

Hilf mir,
mich mit diesem Geschenk zu bescheiden,
es ist das einzig wichtige,
es ist mein Leben – aus deiner Hand.

Und noch eines:
Ich möchte es wirklich nützen,
auskosten und leben,
dieses Geschenk. Dabei hilf mir.
Nimm die Steine weg,
die ich mir selbst in den Weg lege.

Bei dir, Jesu, will ich bleiben,
stets in deinem Dienste stehn;
nichts soll mich von dir vertreiben,
will auf deinen Wegen gehn.
Du bist meines Lebens Leben,
meiner Seele Trieb und Kraft,
wie der Weinstock seinen Reben
zuströmt Kraft und Lebenssaft.
(Philipp Spitta, EG 406)

Tausend Jahre sind vor dir wie der Tag, der gestern vergangen ist, und wie eine Nachtwache. (Psalm 90,4)

Ich möchte schweigen
beim Anblick des Sternenhimmels
in klaren Sommernächten.

Möchte verweilen in den Rissen, Ablagerungen, Spalten,
in der Wucht eines Berges.

Die unendliche Stetigkeit eines Rinnsals,
das vielleicht alle zehn Stunden
einen kleinen Tropfen abgibt an den Stein.

Das Licht eines Sternes, der mir jetzt leuchtet,
und vielleicht längst verglüht ist –

Die bizarre Gestalt eines Felsens,
geboren aus dem Zusammenstoß von Kontinenten,
Kind gewesen zu Zeiten,
als bei uns noch Vulkane Feuer spien,
erwachsen geworden in Wind, Regen und Eis.

Mich plagt nicht die eigene Kleinheit.
Mich erschlägt schier die Größe, die Vielfalt, der Geist,
dein langer Atem, Gott,
nicht aus Furcht, viel eher aus Freude.
Tausend Jahre sind vor dir wie der Tag,
der gestern vergangen ist.
Ein Sekundenbruchteil des Lichts,
ein Tropfen auf den Stein, ein Steinchen im Gebirge.
Und ich darf Zeuge sein.
Mehr: Ich bin ein Teil des Wunders.

Wohlauf, mein Herze, sing und spring
und habe guten Mut!
Dein Gott, der Ursprung aller Ding,
ist selbst und bleibt dein Gut.

(Paul Gerhardt, EG 324)

ICH STAUNE (ÜBERTRAGUNG VON PSALM 8)

Und Gott schuf den Menschen zu seinem Bilde, zum Bilde Gottes schuf er ihn. (1. Mose 1,27)

Gott, ewigweise Macht, wie strahlt dein Name in aller Welt!

Auf die Himmel hast du deinen Glanz gelegt.
Kinderworte werden zu Mauern denen,
die nach dem Leben trachten,
Säuglingsrufe zu Burgen allen, die Leben bedrohen.
Meinem Staunen fehlen die Worte:
Ich sehe die Weite der Himmel:
Die Sonne, der Mond, die Gestirne, – alles dein Werk.

Wo ist mein Platz in dieser Weite?
Warum beugst du dich zu mir?
Was ist dein Sinn für des Menschen Leben?

Nah am Herzen Gottes leben wir,
an seiner Fülle haben wir teil,
sein Glanz fällt auf uns, als seien wir Wesen der Himmel.
Deine Schöpfung ist uns anvertraut.
Den Weg hast du uns bereitet.
Macht hast du uns überlassen.

Schafe, Rinder, Tiere der Wildnis, Vögel des Himmels,
Fische des Meeres – alles, was Erdenbahnen,
Himmelswege und Wasserstraßen durchzieht,
ist anvertraut unserer schwachen Hand,
dem kleinen Kind, dem hinfälligen Menschen.

Gott, ewigweise Macht, wie strahlt dein Name in aller Welt!

Lobe den Herren, der sichtbar dein Leben gesegnet,
der aus dem Himmel mit Strömen der Liebe geregnet.
Denke daran, was der Allmächtige kann,
der dir mit Liebe begegnet.

(Joachim Neander, EG 316)

Du stellst meine Füße auf weiten Raum. (Psalm 31,9)

Mein Gott.

Nicht sehen und doch glauben.
Nicht helfen können und doch nicht resignieren.
Nicht hören und doch ahnen.
Nicht trauen und doch wagen.

Auf die Gefahr von Enttäuschung hin lieben.
Auf die Gefahr von Tod hin leben.
Auf die Gefahr von Verlust hin schenken.
Auf die Gefahr von Versagen hin lernen.

Angesichts von Fehlern keine Häme empfinden.
Angesichts von Schädlingen und Trockenheit pflanzen.
Angesichts von Krieg keine Waffen schmieden.
Angesichts von Fremden Grenzen öffnen.

Deinem Frieden trauen.
So richte mich aus.

Vertraut den neuen Wegen,
auf die uns Gott gesandt!
Er selbst kommt uns entgegen.
Die Zukunft ist sein Land.
Wer aufbricht, der kann hoffen
in Zeit und Ewigkeit.
Die Tore stehen offen.
Das Land ist hell und weit.

(Klaus Peter Hertzsch, EG 395, © Klaus Peter Hertzsch, Jena 1989)

ICH LASSE ES GUT SEIN

Darum sorgt nicht für morgen, denn der morgige Tag wird für das Seine sorgen. Es ist genug, dass jeder Tag seine eigene Plage hat. (Matthäus 6,34)

Es kommt
eine Zeit,
da wird der Tag
die Nacht überholen.
Sacht.

Kalender verlieren die Gültigkeit.
Die Zeit verliert ihr Maß.
Die Grade werden neu vermessen.

Ich lasse es gut sein.
Was werden soll, wird werden.

Nächstes Jahr in Jerusalem,
oder im Herbst nah bei den Feldern,
oder morgen an deinem Tisch.

Ich lasse es gut sein
und schmücke mein Haus
mit Blättern aus Zärtlichkeit und Wind.

Vielleicht morgen schon und
wider alle Vernunft?

Eben deshalb,
mein Gott,
lasse ich es gut sein.

Man halte nur ein wenig stille
und sei doch in sich selbst vergnügt,
wie unsers Gottes Gnadenwille,
wie sein Allwissenheit es fügt;
Gott, der uns sich hat auserwählt,
der weiß auch sehr wohl, was uns fehlt.

(Georg Neumark, EG 369)

Und einer von ihnen, ein Schriftgelehrter, versuchte ihn und fragte: Meister, welches ist das höchste Gebot im Gesetz? Jesus aber antwortete ihm: »Du sollst den Herrn, deinen Gott, lieben von ganzem Herzen, von ganzer Seele und von ganzem Gemüt.« Dies ist das höchste und größte Gebot. Das andere aber ist dem gleich: »Du sollst deinen Nächsten lieben wie dich selbst.« In diesen beiden Geboten hängt das ganze Gesetz und die Propheten. (Matthäus 22,35–40)

GOTT LIEBEN

Bist du ein dankbarer Mensch?
Kannst du staunen oder ist alles selbstverständlich?
Achtest du die Schöpfung?
Hast du einen ehrlichen Überblick über den Umgang mit deiner Zeit?
Bist du im Gespräch mit Gott?
Findest zu genügend Zeit zur Stille, zum Gebet,
zum Hören auf Gottes Wort?
Glaubst du, dass Gott dich liebt?
Hat dein Glaube Folgen für dein Verhalten in Familie, Freizeit und bei der Arbeit?

DEN NÄCHSTEN LIEBEN

Übernimmst du Verantwortung für andere?
Gehst du jemandem aus dem Weg?
Mit wem lebst du in Spannung?
Lässt du dich verleugnen?
Achtest du deine Frau, deinen Mann, deine Kinder,
deine Eltern?
Achtest du deine Nachbarn und Kollegen?
Verzeihst du denen, die an dir schuldig geworden sind?
Hast du Freundinnen und Freunde?

Sich selbst lieben

Zweifelst du am Wert deines Lebens?
Lässt du dich lieben?
Lässt du dir vergeben?
Erträgst du eigene Fehler?
Lässt du dir Zeit zur Erholung?
Machst du dich krank durch Drogen,
Alkohol oder Überarbeitung?
Kannst du über dich selbst lachen?

Liebe ist nicht nur ein Wort,
Liebe, das sind Worte und Taten.
Als Zeichen der Liebe ist Jesus geboren,
als Zeichen der Liebe für diese Welt.

Freiheit ist nicht nur ein Wort,
Freiheit, das sind Worte und Taten.
Als Zeichen der Freiheit ist Jesus gestorben,
als Zeichen der Freiheit für diese Welt.

Hoffnung ist nicht nur ein Wort,
Hoffnung, das sind Worte und Taten.
Als Zeichen der Hoffnung ist Jesus lebendig,
als Zeichen der Hoffnung für diese Welt.

(Eckart Bücken, EG reg., BT 650,
Rechte: Strube Verlag, München-Berlin)

Ich glaube; hilf meinem Unglauben! (Markus 9,24)

ICH GLAUBE AN GOTT DEN VATER, DEN ALLMÄCHTIGEN,
DEN SCHÖPFER DES HIMMELS UND DER ERDE.

Ich suche eine Wahrheit, die zeitlos gilt.
Ich suche jemanden,
dem ich ohne Vorbehalt vertrauen kann.
Ich suche jemanden, der mich im Überfluss liebt.
Ich suche Antwort
auf die Frage nach dem Grund unseres Seins.
Ich suche einen Sinn
in dem für mich unfassbar ewigen Werden und Vergehen.

ICH GLAUBE AN JESUS CHRISTUS, SEINEN EINGEBORENEN SOHN,
UNSERN HERRN, EMPFANGEN DURCH DEN HEILIGEN GEIST,
GEBOREN VON DER JUNGFRAU MARIA, GELITTEN UNTER PONTIUS
PILATUS, GEKREUZIGT, GESTORBEN UND BEGRABEN, HINABGESTIEGEN
IN DAS REICH DES TODES, AM DRITTEN TAGE AUFERSTANDEN VON
DEN TOTEN, AUFGEFAHREN IN DEN HIMMEL, ER SITZT ZUR RECHTEN
GOTTES, DES ALLMÄCHTIGEN VATERS, VON DORT WIRD ER
KOMMEN, ZU RICHTEN DIE LEBENDEN UND DIE TOTEN.

Ich suche Gott in einfachen Worten,
in verständlichen Bildern und nah.
Ich suche Gott so klein, dass er in mein Herz passt,
und so groß, dass er mich trägt.
Ich suche Gott, der Leben zusagt
und seine Verheißung auch hält.
Ich suche Gott, der sich nicht davonmacht,
wenn Menschen ernst machen.
Ich suche Gott an meiner Tür, an meinem Tisch,
an meinem Bett.
Ich suche einen Menschen, zu dem ich aufschauen kann,
ohne dass er mich verführt, benutzt oder erschlägt.
Ich suche einen verlässlichen Menschen,
der es gut mit mir meint.
Ich suche einen Menschen, der mich vertritt,

wenn ich nicht mehr kann.
Ich suche einen Menschen, der mich aushält.

ICH GLAUBE AN DEN HEILIGEN GEIST, DIE HEILIGE CHRISTLICHE KIRCHE, GEMEINSCHAFT DER HEILIGEN, VERGEBUNG DER SÜNDEN, AUFERSTEHUNG DER TOTEN UND DAS EWIGE LEBEN.

Ich suche eine Bleibe die mich aufnimmt.
Ich suche eine Herberge,
die mich wieder weiterziehen lässt.
Ich suche Weggefährten, die Umwege nicht verurteilen.
Ich suche einen einfachen Tisch, ein einfaches Essen,
einfache Menschen mit wenigen Worten, kleinen Gesten
und einem großen Herzen.
Ich suche eine Antwort auf das Sterben der Vielen.
Ich suche eine Antwort auf meinen Tod.
Ich suche ein Wort, das gilt in aller Not, jenseits aller
Grenzen und am Ende aller Wege.

Ich glaube fest, dass alles anders wird,
dass uns die Liebe immer weiter führt.
Ich glaube fest an eine neue Sicht,
wenn bald im klaren Licht ein hoffnungsvoller Tag anbricht.

Ich glaube fest, dass Gott die Liebe ist,
und dass er an der Liebe alles misst.
Ich glaube fest, das Ziel ist nicht mehr weit,
ich hoffe auf die Zeit voll Frieden und Gerechtigkeit.

Ich glaube fest an Gott und seine Macht,
dass er sein Volk behütet und bewacht.
Ich glaube fest, Gott macht die Menschen frei
von Schmerzen und Geschrei, und alle Angst ist dann vorbei.

Ich glaube fest. Ein neues Lied stimmt an,
ein Liebeslied, das jeder singen kann.
Ich glaube fest, das Ziel ist nicht mehr weit,
ich hoffe auf die Zeit voll Frieden und Gerechtigkeit.

(Martin Bogdahn, EG reg., W 661,
© Martin Bogdahn, München 1990)

Sorgt euch um nichts, sondern in allen Dingen lasst eure Bitten in Gebet und Flehen mit Danksagung vor Gott kundwerden. (Philipper 4,6)

VATER UNSER IM HIMMEL,
GEHEILIGT WERDE DEIN NAME.

Ich übe und nenne dich Vater,
gegen jede schlechte Erfahrung
und wider den Augenschein.
Ich übe und mache deinen Namen nicht schlecht,
rede deinen Glanz nicht schwach
und überantworte dich nicht dem Hörensagen.

VATER UNSER IM HIMMEL,
DEIN REICH KOMME.

Ich übe, lege meine Beschlagenheit ab
und öffne meine Hände.
Ich übe, in der Schlange zu stehen und zu warten.
Ich übe Geduld und sortiere meine Prioritäten
nach fremdem Willen.

VATER UNSER IM HIMMEL,
DEIN WILLE GESCHEHE,
WIE IM HIMMEL, SO AUF ERDEN.

Ich übe das Gleichgewicht von Ich und Du.
Ich übe die Vorzüge des Du.
Ich übe und will nicht vertagen, verlegen und vertun.
Ich übe und weiß, es gibt keine Ausrede mehr für Trägheit.

VATER UNSER IM HIMMEL,
UNSER TÄGLICHES BROT GIB UNS HEUTE.

Ich übe das Öffnen meiner Hände.
Ich übe den Verzicht auf eigene Angebote.
Ich übe den Dank für das Wesentliche
und die Kunst des Einfachen.

VATER UNSER IM HIMMEL,
VERGIB UNS UNSRE SCHULD,
WIE AUCH WIR VERGEBEN UNSERN SCHULDIGERN.

Ich übe, nicht Recht zu haben.
Ich übe, nicht Recht haben zu wollen.
Ich übe, auf Recht angewiesen zu sein.
Ich übe, dankbar zu sein.
Ich übe Liebe.

VATER UNSER IM HIMMEL,
FÜHRE UNS NICHT IN VERSUCHUNG,
SONDERN ERLÖSE UNS VON DEM BÖSEN.

Ich übe, nicht auf die Uhr zu achten.
Ich übe, nicht auf das Geld zu schauen.
Ich übe, nicht zu rechnen.
Ich übe, nicht zu messen.
Ich übe, mich zu bescheiden.
Ich übe, frei zu leben.

VATER UNSER IM HIMMEL,
DEIN IST DAS REICH
UND DIE KRAFT UND
DIE HERRLICHKEIT
IN EWIGKEIT.

Ich übe den aufrechten Gang.
Ich übe die Handhaltung des Bettlers.
Ich übe die Arglosigkeit des Säuglings.
Ich übe den Blick des Bergsteigers.
Ich übe den Frieden des Läufers.
Ich übe das Staunen des Geliebten.

Ich übe die Sorglosigkeit der Schnecke.
Ich übe den Tanz der Biene.
Ich übe die Geduld des Bodens.
Ich übe den Trotz der Spinne.
Ich übe die Verschwiegenheit der Tür.
Ich übe den Gesang der Grille.
Ich übe die Eile des Felsens.
Ich übe die Zielstrebigkeit der Wolke.
Ich übe noch.

Der ewigreiche Gott
woll uns bei unserm Leben
ein immer fröhlich Herz
und edlen Frieden geben
und uns in seiner Gnad
erhalten fort und fort
und uns aus aller Not
erlösen hier und dort.

(Martin Rinckart, EG 321)

Wohl dem, der nicht wandelt im Rat der Gottlosen noch tritt auf den Weg der Sünder noch sitzt, wo die Spötter sitzen, sondern hat Lust am Gesetz des Herrn und sinnt über seinem Gesetz Tag und Nacht! Der ist wie ein Baum, gepflanzt an den Wasserbächen, der seine Frucht bringt zu seiner Zeit, und seine Blätter verwelken nicht. Und was er macht, das gerät wohl. (Psalm 1,1–3)

ICH BIN DER HERR, DEIN GOTT, DER ICH DICH AUS ÄGYPTENLAND, AUS DER KNECHTSCHAFT, GEFÜHRT HABE.
DU SOLLST KEINE ANDERN GÖTTER HABEN NEBEN MIR.
DU SOLLST DIR KEIN BILDNIS NOCH IRGENDEIN GLEICHNIS MACHEN, WEDER VON DEM, WAS OBEN IM HIMMEL, NOCH VON DEM, WAS UNTEN AUF ERDEN, NOCH VON DEM, WAS IM WASSER UNTER DER ERDE IST:
BETE SIE NICHT AN UND DIENE IHNEN NICHT! DENN ICH, DER HERR, DEIN GOTT, BIN EIN EIFERNDER GOTT.

Du brauchst weder Menschen noch Mächte oder Verhältnisse an Gottes Stelle zu setzen, du verspielst sonst deine und deiner Mitmenschen Freiheit. Du brauchst keine Ideen, keine Bilder und keine Menschen anzubeten. Du bist ein freier Mensch. Gott ist Gott für dich.

Halte inne und denke nach: Bist du wirklich frei?

DU SOLLST DEN NAMEN DES HERRN, DEINES GOTTES, NICHT MISSBRAUCHEN; DENN DER HERR WIRD DEN NICHT UNGESTRAFT LASSEN, DER SEINEN NAMEN MISSBRAUCHT.

Du kannst tatsächlich ehrlich sein. Und das ist auf Dauer nicht nur praktischer, es ist auch gesünder.

Halte inne und denke nach: Bist du wirklich ehrlich?

GEDENKE DES SABBATTAGES, DASS DU IHN HEILIGEST.
SECHS TAGE SOLLST DU ARBEITEN UND ALLE DEINE WERKE TUN.
ABER AM SIEBENTEN TAGE IST DER SABBAT DES HERRN, DEINES GOTTES. DA SOLLST DU KEINE ARBEIT TUN, AUCH NICHT DEIN SOHN, DEINE TOCHTER, DEIN KNECHT, DEINE MAGD, DEIN VIEH,

AUCH NICHT DEIN FREMDLING, DER IN DEINER STADT LEBT. DENN IN SECHS TAGEN HAT DER HERR HIMMEL UND ERDE GEMACHT UND DAS MEER UND ALLES, WAS DARINNEN IST, UND RUHTE AM SIEBENTEN TAGE. DARUM SEGNETE DER HERR DEN SABBATTAG UND HEILIGTE IHN.

Die Welt ist nicht die Welt der Macher. Du musst nicht alles mitmachen. Du kannst Ruhe finden. Du kannst dir Zeit nehmen. Du kannst loslassen und wirst staunen, was du dabei gewinnst. Du kannst ohne eigenen Schaden auf vieles verzichten, dein Lohn wird die Freude anderer sein. Auf dem Schweigen und in der Ruhe liegt Segen.

Halte inne und denke nach: Kommst du wirklich zur Ruhe?

DU SOLLST DEINEN VATER UND DEINE MUTTER EHREN, AUF DASS DU LANGE LEBEST IN DEM LANDE, DAS DIR DER HERR, DEIN GOTT, GEBEN WIRD.

Du darfst in einer Gemeinschaft leben. Du spürst Liebe und darfst lieben. Du trägst andere und andere tragen dich.

Halte inne und denke nach: Liebst du und wirst du geliebt?

DU SOLLST NICHT TÖTEN.

Du darfst leben inmitten von Leben. Du musst dir deinen Platz nicht erkämpfen. Das Miteinander ist kompliziert, es geht aber auch ohne Gewalt. Die Friedfertigen wird man Kinder Gottes nennen.

Halte inne und denke nach: Kommst du ohne Gewalt aus?

DU SOLLST NICHT EHEBRECHEN.

Wie jedes Lebewesen brauchst auch du eine Zuflucht. Du hast ein Recht, dich zurückzuziehen. Du hast ein Recht auf Treue und Geborgenheit.

Halte inne und denke nach: Zerstörst du eines anderen Zuflucht?

Du sollst nicht stehlen.

Die Gerechtigkeit wird sich durchsetzen. Du sprichst in Gottes Namen, wenn du mutig Unrecht anprangerst und geduldig bist mit dem, der Fehler macht.

Halte inne und denke nach: Nimmst du einem anderen, was er braucht?

Du sollst nicht falsch Zeugnis reden wider deinen Nächsten.

Du kannst auf Halbwahrheiten und Gerüchte verzichten. Du kannst des anderen Ruf schützen und dich vor ihn stellen. Mag sein, dass du dadurch den einen oder anderen Nachteil hast. Aber du kannst dir selbst und anderen ins Gesicht schauen.

Halte inne und denke nach: Lebst du auf Kosten anderer?

Du sollst nicht begehren deines Nächsten Haus.

Du brauchst um deines Friedens und um deines Lebensraums willen keinem anderen Gewalt antun. Du wirst auf Dauer nur mit anderen frei sein und für andere Frieden schaffen können. Du hast alle Gaben, die du dafür brauchst.

Halte inne und denke nach: Was denken deine Nachbarn über dich?

DU SOLLST NICHT BEGEHREN DEINES NÄCHSTEN WEIB, KNECHT, MAGD, RIND, ESEL NOCH ALLES, WAS DEIN NÄCHSTER HAT.

Du brauchst auf das Glück des anderen nicht neidisch zu sein. Wenn du dich mit ihm freust, wird er sein Glück mit dir teilen. Du kannst Vertrauen riskieren und die Welt verändern. Und am mutigsten bist du, wenn du damit bei dir selbst beginnst.

Halte inne und denke nach: Warum fängst du nicht heute schon an? Wer hindert dich?

Selig seid ihr,
wenn ihr einfach lebt.
Selig seid ihr,
wenn ihr Lasten tragt.

Selig seid ihr,
wenn ihr lieben lernt.
Selig seid ihr,
wenn ihr Güte wagt.

Selig seid ihr,
wenn ihr Leiden merkt.
Selig seid ihr,
wenn ihr ehrlich bleibt.

Selig seid ihr,
wenn ihr Frieden macht.
Selig seid ihr,
wenn ihr Unrecht spürt.

(EG reg., BEL 667, BT 644, Text: Friedrich Karl Barth, Peter Horst,
Musik: Peter Janssens, aus: »Uns allen blüht der Tod, 1979«,
alle Rechte in Peter Janssens Musik Verlag, Telgte [Westfalen])

Geistliche Existenz

In Not

Der Friede Gottes, der höher ist als alle Vernunft, bewahre eure Herzen und Sinne in Christus Jesus. (Philipper 4,7)

Hast du noch einen Platz für mich
in deinen Plänen?
Hast du noch einen Weg für mich
in deinem Reich?
Hast du noch einen Blick für mich
bei all den Tränen?
Wenn ja, mein Gott, dann zeig es
bitte gleich.

Der Lärm verebbt, und die Last wird leichter.
Es kommen Engel und tragen mit.
Gott segne alle, die dir vertrauen.
Gib Nacht und Ruhe, wo man heut litt.

Lass Recht aufblühen, wo Unrecht umgeht.
Mach die Gefangnen der Willkür frei.
Lass deine Kirche mit Jesus wachen
und Menschen wirken, dass Friede sei.

(Jürgen Henkys, nach dem schwedischen »Nu sjunker bullret«
von Lars Thunberg, EG reg., BEL 676, P 676,
Rechte: Strube Verlag, München-Berlin)

Gott, hilf mir! Denn das Wasser geht mir bis an die Kehle. Ich habe mich müde geschrien, mein Hals ist heiser. Meine Augen sind trübe geworden, weil ich so lange harren muss auf meinen Gott. (Psalm 69,2.4)

Mein Gott, ich bin verzweifelt.

Ich habe dich verloren.
Ich sehe keinen Sinn mehr in meinem Tun.
Alles misslingt.
Meine Familie geht auf Distanz.
Nachts kann ich nicht schlafen und am Tag nicht arbeiten.
Wenn es an der Tür läutet, schrecke ich zusammen.
Den Telefonhörer nehme ich nicht ab.
Mein Gott, ich bin verzweifelt.
Meine Seele ist wund, mein Körper müde,
mein Kopf leer.

Greif ein. Zieh mich heraus.
Rette mich, bevor ich mich vergesse.

Wenn wir in höchsten Nöten sein
und wissen nicht, wo aus noch ein,
und finden weder Hilf noch Rat,
ob wir gleich sorgen früh und spat,
so ist dies unser Trost allein,
dass wir zusammen insgemein
dich anrufen, o treuer Gott,
um Rettung aus der Angst und Not,
und heben unser Aug und Herz
zu dir in wahrer Reu und Schmerz
und flehen um Begnadigung
und aller Strafen Linderung,
die du verheißest gnädiglich
allen, die darum bitten dich
im Namen deins Sohns Jesu Christ,
der unser Heil und Fürsprech ist.
(Paul Eber, EG 366)

GELÄHMT

Als nun Jesus ihren Glauben sah, sprach er zu dem Gelähmten: Mein Sohn, deine Sünden sind dir vergeben. (Markus 2,5)

Mein Gott,
komm zu mir,
ich bewege mich nicht mehr.

Ich bin eingefroren
im Eis der Gefühlskälte.
Ich habe mich festgefahren
in meinen Eitelkeiten.
Ich habe mich zerrieben
im Kleinkrieg.
Ich habe mich verrannt
auf Einbahnstraßen.

Mein Gott,
komm zu mir,
ich bin gelähmt.
Du hast doch ein Herz
für Behinderte.

Der Lärm verebbt, und die Last wird leichter.
Es kommen Engel und tragen mit.
Gott segne alle, die dir vertrauen.
Gib Nacht und Ruhe, wo man heut litt.
Gott, segne alle, die dir vertrauen.
Gib Nacht und Ruhe, wo man heut litt.

(Jürgen Henkys, nach dem schwedischen »Nu sjunker bullret«
von Lars Thunberg, EG reg., BEL 676, P 676,
Rechte: Strube Verlag, München-Berlin)

Die Starken bedürfen keines Arztes, sondern die Kranken. Ich bin gekommen, die Sünder zu rufen und nicht die Gerechten. (Markus 2,17)

Die Tür ist zugeschlagen.
Der Streit war laut, man wird ihn draußen gehört haben.
Die Auseinandersetzungen werden immer schlimmer.
Böse sind wir.
Wir giften uns an.

Gott,
du siehst den Scherbenhaufen.
Wir brechen auseinander.
Da ist nichts mehr, was hält.

Du kennst die Anfänge, die Liebe, die Pläne.
Du gabst deinen Segen zu unserer Ehe,
hast uns Kinder geschenkt
und erfüllende Berufe.

Du kennst die Schuld,
die kleinen und großen Fehler.
Trägheit und Kleinkrieg,
Irrwege und Eitelkeiten, nichts ist dir fremd.

Unsere Familie zerbricht
an uns Erwachsenen.
Vergib uns unsere Schuld.

Zieh den Engel nicht ab.
Bring uns zur Besinnung.
Heile die Wunden.

Gib uns die Wege frei, die zu dir führen,
denn uns verlangt nach deinem guten Wort.
Du machst uns frei, zu lieben und zu hoffen,
das gibt uns Zuversicht für jeden Tag.
Gott schenkt Freiheit,
seine größte Gabe gibt er seinen Kindern.

(Christa Weiß, EG 360, © by Gustav Bosse Verlag, Kassel)

EINSAM

Ich bin fremd geworden meinen Brüdern und unbekannt den Kindern meiner Mutter. (Psalm 69,9)

Barmherziger Gott,
niemand will meine Fragen teilen.
Ich habe Antworten auf Fragen,
die keiner stellt.

Jeder in der Familie geht eigene Wege.
Freunde haben Termine
und Kollegen ein wichtiges Gespräch
auf der anderen Leitung.
Anrufbeantworter sprechen mir Hohn,
aber alle sind freundlich.

Mitten im Getriebe,
mitten im Erfolgsland,
mitten im Verkehr
bin ich allein.

Ist das,
Gott,
jetzt deine Mailbox
oder bist du
in der Leitung?

Wenn die Last der Welt dir zu schaffen macht,
hört er dein Gebet.
Wenn dich Furcht befällt vor der langen Nacht,
hört er dein Gebet.
Er hört dein Gebet, hört auf dein Gebet.
Er versteht, was sein Kind bewegt, Gott hört dein Gebet.

(EG reg., W 618; Originaltitel: He will listen to you,
Text & Melodie: Mark Heard, Deutsch: Christoph Zehendner,
© 1983 Bug and Bear Music/LCS Music Group,
Rechte für D, A, CH: CopyCare Deutschland, 71087 Holzgerlingen)

Geistliche Existenz – In Not

Gott ist die Liebe; und wer in der Liebe bleibt, der bleibt in Gott und Gott in ihm. (1. Johannes 4,16b)

Sie sind nicht gekommen.
Gerade an sie hatte ich gedacht bei der Vorbereitung,
beim Schreiben des Gebets,
bei der wichtigen Passage der Predigt.

Sie sind nicht gekommen.
Dabei hatten sie gesagt: Bis morgen.
Und in meiner Freude
habe ich alles noch einmal geändert.
Sogar die Lieder.
Eigens zwei Lieder ausgewählt für sie.
Sie sind nicht gekommen.
Wenige waren da.
Ich war enttäuscht, zerstreut.

Ob du da warst,
Gott?

Komm, Herr, segne uns, dass wir uns nicht trennen,
sondern überall uns zu dir bekennen.
Nie sind wir allein, stets sind wir die Deinen.
Lachen oder Weinen wird gesegnet sein.
_(Dieter Trautwein, EG 170, Rechte: Strube Verlag, München-Berlin)

Furcht ist nicht in der Liebe. (1. Johannes 4,17c)

Was fehlt mir?
Was habe ich an mir, was sie stört?
Was sind meine Fehler?

Sie laden mich ein
und meinen mein Amt.
Sie danken mir in Annoncen
mit leblosen Floskeln.
Sie bringen ihre Kinder zur Taufe,
ihre Verstorbenen zur Bestattung,
doch ihr Herz bleibt daheim.

Ich bin fremd, Gott.
ich bin ein Fremder in dieser Gemeinde.

Sie achten mich.
Sie hören mich an.
Sie reden nicht schlecht über mich.
Sie führen mich beim Besuch ins beste Zimmer,
doch nicht in die Küche
oder hinters Haus, wo sie leben.

Ich habe ein Amt.
Ich spiele eine Rolle.
Ich trage einen Talar.

Ich bin ein Mensch.
Ich habe ein Herz.
Ich suche Nähe.

Damit aus Fremden Freunde werden,
kommst du als Mensch in unsre Zeit:
Du gehst den Weg durch Leid und Armut,
damit die Botschaft uns erreicht.
(Rolf Schweizer, EG reg., BEL 612, W 657,
© by Bärenreiter-Verlag, Kassel)

Herr, wie lange willst du mich so ganz vergessen? Wie lange verbirgst du dein Antlitz vor mir? Wie lange soll ich sorgen in meiner Seele und mich ängsten in meinem Herzen täglich? Schaue doch und erhöre mich, Herr, mein Gott! (Psalm 13,2f.)

Gott,
mein Glaube wird immer kleiner,
mein Zweifel immer größer.

Ich habe dich verloren.
Wie ein Kind bin ich,
das das Gesicht seiner Mutter vergessen hat.
Deine Worte,
es gab Zeiten, da waren sie mir Flügel,
jetzt sind sie mir eine Last.

Ich würde so gerne
das Gesicht der Mutter sehen, tasten, riechen.
Das Gesicht.
Nicht ein Bild.

Von Zweifeln ist mein Leben übermannt,
mein Unvermögen hält mich ganz gefangen.
Hast du mit Namen mich in deine Hand,
in dein Erbarmen fest mich eingeschrieben?
Nimmst du mich auf in dein gelobtes Land?
Werd ich dich noch mit neuen Augen sehen?

(Lothar Zenetti, EG 382, © Lothar Zenetti)

BEIM TOD NAHER ANGEHÖRIGER

*Es ist noch eine kleine Zeit, dann wird mich die Welt nicht mehr sehen.
Ihr aber sollt mich sehen, denn ich lebe, und ihr sollt auch leben.
(Johannes 14,19)*

Es ist zu Ende, Gott.
Sie ist gestorben.
Ich muss damit leben.

Es war eine große Zeit.
Kaum zu beschreiben die Jahre,
im Flug vergangen, nicht vergessen.
Es ist schön, dass es sie gab.

Nimm mein ganzes Leid,
meine Schuldgefühle,
meine Verzweiflung,
meine Dankbarkeit,
meine Erinnerung,
mein Versagen,
meine Klage,
meine Liebe
als Gebet.

Lass sie ruhen in Abrahams Schoß.
Lass sie die Lichtquelle sehen.
Lass sie den Grund der Ewigkeit spüren.
Lass sie an deinem Herzen Frieden finden.

Und halte den Platz neben ihr,
an deinem Herzen,
im Grund der Ewigkeit,
an der Quelle des Lichts,
in Abrahams Schoß
offen
für mich.

Am Ende des Regenbogens liegt ein weites Land,
Gott hat dort für alle, die suchen, ein Zelt
weit über ihr Leben gespannt.

Am Morgen des neuen Tages steht ein Lächeln auf
und streut seine Strahlen auf alles, was blüht
und schenkt seinen Segen darauf.

Am Mittag des fremden Morgens liegt ein großer Glanz
auf Erde und Himmel, auf Blüte und Strauch,
und alles Zerbrochne wird ganz.

Am Abend des alten Tages zeigt sich uns ein Weg,
er öffnet die Grenzen, bricht alles, was hält,
denn Gott sieht das Herz und versteht.

Am Ende des Regenbogens liegt ein weites Land,
wenn umwegeweit ich es finde, dann nur
an deiner vergebenden Hand.

(Gerhard Engelsberger)

Ich glaube; hilf meinem Unglauben. (Markus 9,24)

Die Kriege?
Nein, es sind nicht die Kriege.
Die machen Menschen.

Die Unfälle?
Nein, es sind nicht die Unfälle.
Die sind vermeidbar.

Die Finsternis?
Nein, es ist nicht die Finsternis.
Die ist der Preis der Schönheit.

Der Tod?
Nein, es ist nicht der Tod.
Der ist der Preis des Lebens.

Es sind meine Fragen.
Es ist meine Freiheit.
Es sind die vielen Möglichkeiten.
Es ist das Bedürfnis, zu begreifen,
die Sucht nach Heimat
und dieser elende
offene
antwortlose
Wunsch nach Klarheit.

Sprich du das Wort, das tröstet und befreit
und das mich führt in deinen großen Frieden.
Schließ auf das Land, das keine Grenzen kennt,
und lass mich unter deinen Kindern leben.
Sei du mein täglich Brot, so wahr du lebst.
Du bist mein Atem, wenn ich zu dir bete.

(Lothar Zenetti, EG 382, © Lothar Zenetti)

Er ist das Ebenbild des unsichtbaren Gottes, der Erstgeborene vor aller Schöpfung. Denn in ihm ist alles geschaffen, was im Himmel und auf Erden ist, das Sichtbare und das Unsichtbare, es seien Throne oder Herrschaften oder Mächte oder Gewalten; es ist alles durch ihn und zu ihm geschaffen. Und er ist vor allem, und es besteht alles in ihm. (Kolosser 1,15f.)

M 31.
2 Komma 3 Millionen Lichtjahre entfernt,
ein Spiralnebel wie unsere Galaxie,
200 Millionen Sterne.

Sandstürme auf dem Mars bei Minus 130 Grad.
In 280 Millionen Jahren
umrundet die Sonne
mit der Erde und dem weiteren Planetengepäck
einmal den Mittelpunkt der Milchstraße.

Ob jenseits des Andromedanebels
dort,
wohin kein Auge reicht
und kein Ohr hört
und immer noch Sonnen leuchten,
wenn unsere erlischt,
ob dort eine Blume blüht,
Zärtlichkeit wärmt,
und Matthäus 28 auch noch gilt?

Gott, ich staune,
wenn ich die vielen Himmel sehe.
Gott, ich weine,
ich habe Christus verloren.

O Heiliger Geist, o heiliger Gott,
mehr' unsern Glauben immerfort;
an Christus niemand glauben kann,
es sei denn durch dein Hilf getan.
O Heiliger Geist, o heiliger Gott!
(Johannes Niedling, EG 131)

ES GELINGT NICHT MEHR

Ein Mensch sieht, was vor Augen ist; der Herr aber sieht das Herz an.
(1. Samuel 16,7)

Treuer Gott,
früher war alles leichter.
Die Predigten flossen mir aus der Hand,
die Gebete stellten sich von selbst ein,
Konfirmanden hatten ihren Spaß mit mir
und Menschen suchten meinen Rat.

Nun halte ich alte Predigten,
suche verzweifelt nach Worten, die zu Gebeten taugen,
der Unterricht wird mir und ihnen zur Qual
und ihre Seele tragen sie zu den Händlern.

Es gelingt nicht mehr,
was einmal gelungen ist.
Lass mich nicht verzweifeln an mir selbst.
Lass mich nicht zweifeln an deiner Gnade.

Lass mich ihre Umwege verstehen.
Lass mich mit meinen Schwächen dienen.
Gib mir ihre Handynummer,
den Schlüssel zu ihren Ängsten
und ein Wörterbuch
für die Sprache ihrer Seele.

Vertraut den neuen Wegen
und wandert in die Zeit!
Gott will, dass ihr ein Segen
für seine Erde seid.
Der uns in frühen Zeiten
das Leben eingehaucht,
der wird uns dahin leiten,
wo er uns will und braucht.

(Klaus Peter Hertzsch, EG 395, © Klaus Peter Hertzsch, Jena 1989)

Sende dein Licht und deine Wahrheit, dass sie mich leiten und bringen zu deinem heiligen Berg und zu deiner Wohnung. (Psalm 43,3)

Wo soll ich anfangen,
womit soll ich aufhören?
Mein Leben besteht aus Ouvertüren,
aus Briefköpfen mit Anrede,
aus Heftumschlägen, Auftakten, Vorworten,
so viel Angefangenes,
nichts richtig zu Ende gebracht.

Die unerledigten Geschäfte
nehme ich in die Nacht,
die durchwachten Nächte
nehme ich in den Tag,
und nichts ändert sich.
Nur der Druck wächst.

Meine Lähmung wuchert.
Gut geht es, sage ich.
Nur viel um die Ohren, sage ich.
Wie immer, sagen sie.
Das machen Sie mit links.

Ich stehe mitten auf der Kreuzung,
alle Ampeln haben Grün,
von allen Seiten auf mich.
Zieh mich aus dem Verkehr.
Gott.

Hast und Eile, Zeitnot und Betrieb
nehmen mich gefangen, jagen mich.
Herr, ich rufe: Komm und mach mich frei!
Führe du mich Schritt für Schritt.
Meine Zeit steht in deinen Händen.
Nun kann ich ruhig sein, ruhig sein in dir.
Du gibst Geborgenheit, du kannst alles wenden.
Gib mir ein festes Herz, mach es fest in dir.

(EG reg., BEL 644, W 628, Text und Melodie: Peter Strauch,
© Hänssler Verlag, D-71088 Holzgerlingen)

AUSGEBRANNT

Schaffe in mir, Gott, ein reines Herz, und gib mir einen neuen, beständigen Geist. Verwirf mich nicht von deinem Angesicht, und nimm deinen heiligen Geist nicht von mir. Erfreue mich wieder mit deiner Hilfe, und mit einem willigen Geist rüste mich aus. (Psalm 51,12–14)

Mein Gott,
ein hilfloser Helfer bin ich,
ein müder Arbeiter und ein kranker Zeuge.

Ausgebrannt bin ich, und alle merken es.
Nachts finde ich keinen Schlaf,
am Morgen will ich nicht aufstehen,
und am Tag schiebe ich alles vor mir her.
Briefe bleiben ungeöffnet, ich lasse mich verleugnen,
verbringe meine Zeit mit Nichtstun
und werde dabei nicht ruhiger.

Ich spüre die Blicke,
höre die Bemerkungen hinter meinem Rücken,
kann ihre Gedanken lesen:
Mitleid und Häme, Vorwurf und Enttäuschung.

Mein Gott,
hol mich hier ab, hier bin ich am Ende.
Nimm mich auf deine Flügel,
trage mich in ein neues Land,
in dem ich noch niemandem etwas versprochen habe.

Ich warte auf deinen Engel.
Gib ihm die Schlüssel.
Ich habe keinen Mut, zu öffnen.

Sprich du das Wort, das tröstet und befreit
und das mich führt in deinen großen Frieden.
Schließ auf das Land, das keine Grenzen kennt,
und lass mich unter deinen Kindern leben.
Sei du mein täglich Brot, so wahr du lebst.
Du bist mein Atem, wenn ich zu dir bete.

(Lothar Zenetti, EG 382, © Lothar Zenetti)

Geistliche Existenz – In Not

Jesus Christus gestern und heute und derselbe auch in Ewigkeit.
(Hebräer 13,8)

Der Herr ist auferstanden!
Jesus Christus gestern und heute
und derselbe auch in Ewigkeit!

Mein Gott, ich genieße es,
die großen, alten Worte im Mund zu fühlen,
den Worten nachzulauschen,
zu hören, wie sie sich hundertfach verstärken,
wie ich, wie wir alle zu ihrer Stärkung beitragen,
zu ihrer jahrhundertealten Kraft.

Doch höre und fühle ich sie noch in meinem Herzen?
Werden die Worte lebendig,
wurzeln sie sich ein in Herz und Verstand,
in Füße und Hände,
oder sind sie der sehnsüchtige Seufzer der Seele,
Abgesang meiner Kindheitsträume?

Stehen diese großen, alten Worte nur in meiner Agende,
oder erfüllen sie mein Herz?

Gib mir Wohnung in deinem Wort,
hole mich heim aus der Fremde,
dass mir dein Wort nicht nur auf der Zunge liegt,
sondern meinem Glauben Grund gibt.

Herr, komm in mir wohnen,
lass mein' Geist auf Erden
dir ein Heiligtum noch werden;
komm, du nahes Wesen,
dich in mir verkläre,
dass ich dich stets lieb und ehre.
Wo ich geh, sitz und steh,
lass mich dich erblicken
und vor dir mich bücken.

(Gerhard Teerstegen, EG 165)

MIR FEHLT DER WILLE

Als Jesus nun merkte, dass sie kommen würden und ihn ergreifen, um ihn zum König zu machen, entwich er wieder auf den Berg, er selbst allein. (Johannes 6,15)

Vielleicht könnte ich,
wenn ich wollte.

Vielleicht könnte ich
den Besuch mit Freude machen,
den Unterricht halten mit Methodenvielfalt
und sprühend vor Einfällen,
den Brief umgehend und entgegenkommend schreiben.

Mir fehlt der Wille,
Gott.
Ich will nicht schon wieder müssen.
Ich will nicht schon wieder funktionieren.
Ich will nicht auf Geheiß freundlich sein
und nach dem Terminkalender kreativ.

Herr Jesus Christus,
dich wollten sie doch auch
zum König machen.
Du kennst die Versuchung.
Brich einen Zacken aus meiner Krone.
Setze ihre Erwartungen herab.
Ich bin kein Alleskönner.

Lenke meinen Willen
in eine heilende Bahn.

Herr, deine Liebe ist wie Gras und Ufer,
wie Wind und Weite und wie ein Zuhaus.
Frei sind wir da, zu wohnen und zu gehen.
Frei sind wir, ja zu sagen oder nein.
Herr, deine Liebe ist wie Gras und Ufer,
wie Wind und Weite und wie ein Zuhaus.

Geistliche Existenz – In Not

In der Welt habt ihr Angst, aber seid getrost, ich habe die Welt überwunden. (Johannes 16,33)

Sie werfen nicht das Los
um mein Gewand.
Sie reden sich auch nicht den Mund wund
und schaufeln kein Grab.

Aber mein Gott,
ich spüre etwas:
Schweigen schleicht sich ins Gespräch.
Zurückhaltung mischt sich in die Freude.
Ein Zögern macht den Gruß zur Frage.

Sie hätten gerne meine Predigt schriftlich.
Sie fragen, wie es zu Hause geht.
Sie bleiben, wenn ich gehe.

Ich bin unsicher.
Ich möchte aufrecht gehen.
Bring mich ins Lot.

Wir wollen Freiheit, um uns selbst zu finden,
Freiheit, aus der man etwas machen kann.
Freiheit, die auch noch offen ist für Träume,
wo Baum und Blume Wurzeln schlagen kann.

Und dennoch sind da Mauern zwischen Menschen,
und nur durch Gitter sehen wir uns an.
Unser versklavtes Ich ist ein Gefängnis
und ist gebaut aus Steinen unsrer Angst.

Ernst Hansen, EG reg., W 643, BEL 653, nach dem schwedischen
»Guds kärlek är som stranden och som gräset« von Anders Frostenson,
Rechte: Strube Verlag, München-Berlin

SIE VERSTEHEN MICH NICHT

Freut euch mit den Fröhlichen und weint mit den Weinenden.
(Römer 12,15)

Mein Gott,
sie haben mich
wieder nicht verstanden.
Als ob ich eine Fremdsprache spräche.

Nein,
es ist nicht dein Wort,
das sich querlegt,
das kommt noch dazu.

Es ist meine Unfähigkeit,
in ihrer Sprache zu sprechen,
in ihren Zimmern zu leben,
in ihrer Fabrik zu arbeiten,
an ihrem Tisch zu weinen.

Es ist ihr wundes Gehör.
Es sind ihre schlechten Erfahrungen
und meine andere Welt.

Sie meinen es ja gut.
Ob sie meine Enttäuschung spüren?

Mein Gott,
gib mir
noch mehr Liebe,
noch viel mehr Liebe.
Noch bin ich
nur in Gedanken
bei ihnen.

Dein Wort bewegt des Herzens Grund,
dein Wort macht Leib und Seel gesund,
dein Wort ist's, das mein Herz erfreut,
dein Wort gibt Trost und Seligkeit.
(Johann Olearius, EG 197)

So geh nun hin: Ich will mit deinem Munde sein und dich lehren, was du sagen sollst. (2. Mose 4,12)

Treuer Gott,
ich soll reden.

Mir hat es die Sprache verschlagen.
Mir fällt nichts Tröstliches ein.
Nur leere Worte.
Sprüche. Vertröstungen.
Leeres Stroh.

Barmherziger Gott,
ich soll reden.

Doch da ist nichts mehr zu sagen.
Da ist alles gesagt.
Da will keiner hören,
am wenigsten auf mich.
Ich werde gegen Mauern reden.
Sie werden mich ins Leere laufen lassen.

Gnädiger Gott,
ich soll reden.

Wie ein Kind an die Rockschöße der Mutter,
so klammere ich mich an dein Wort.
Ich will es kurz machen.
Sie werden mir zuhören.
Ich werde nichts beschönigen.
Ich werde einfach sagen: Ich glaube.

Dein Lieb und Treu vor allem geht,
kein Ding auf Erd so fest besteht;
das muss ich frei bekennen.
Drum soll nicht Tod,
nicht Angst, nicht Not
von deiner Lieb mich trennen.

(Johannes Eccard, EG 473)

SCHULDIG GEWORDEN

Da trat Petrus zu ihm und fragte: Herr, wie oft muss ich denn meinem Bruder, der an mir sündigt, vergeben? Genügt es siebenmal? Jesus sprach zu ihm: Ich sage dir: nicht siebenmal, sondern siebzigmal siebenmal. (Matthäus 18,21f.)

Barmherziger Gott,
ich bin schuldig geworden.
Nichts will ich beschönigen.
Dir kann ich mich anvertrauen.
Du kennst das Elend meines Herzens.

Da ist nichts wieder gut zu machen,
auch nicht durch die härteste Buße.
Nichts ist zu korrigieren.
Keine zweite Chance.
Keine Vergebung.
Keine Weite.

Barmherziger Gott,
mir dreht es die Eingeweide um,
schlaflos liege ich seit Tagen,
Lügen taugen nicht,
das Geständnis macht nicht wieder gut,
meine Reue bringt nicht wieder her.

Du meine Klagemauer,
du mein Friedhof,
du mein Erlöser,
erbarme dich.

Vergib mir.
Sie werden mir nicht vergeben.
Vergib mir.
Wahnsinn, diese Bitte.
Ich kann mich nicht selbst entschuldigen.
Ich bin schuld.
Und doch
möchte ich
mein Gott
würde ich
mein Gott
darf ich?

Siebzigmal siebenmal.

Dein Wort,
Jesus Christus.
Dein Wort
in Gottes Ohr.

Der Grund, da ich mich gründe,
ist Christus und sein Blut;
das machet, dass ich finde
das ewge, wahre Gut.
An mir und meinem Leben
ist nichts auf dieser Erd;
was Christus mir gegeben,
das ist der Liebe wert.

(Paul Gerhardt, EG 351)

ICH SOLL SCHWEIGEN

Wenn ihr bleiben werdet an meinem Wort, so seid ihr wahrhaftig meine Jünger und werdet die Wahrheit erkennen, und die Wahrheit wird euch frei machen. (Johannes 8,31f.)

Barmherziger Gott,
ich habe versprochen zu schweigen.
Was mir anvertraut ist, lastet auf meiner Seele.

Meine freundlichen Blicke sind nicht ehrlich,
meine oberflächlichen Worte sind hohl,
meine Gedanken sind durcheinander,
ich mache gute Miene zu bösem Spiel.

Ich weiß, und muss so tun, als wüsste ich nicht.
Ich durchschaue, und spiele den Ahnungslosen.
Ich habe versprochen zu schweigen,
doch ich sehe: Es ändert sich nichts.

Ich habe versprochen zu schweigen.
Aber macht mein Schweigen die Sache
nicht noch schlimmer?
Müsste nicht alles ans Licht, damit es heilt?

Herr, mein Gott, hilf mir.
Noch mehr, gib … Mut zur Wahrheit.
Die Lüge lähmt. Du kannst befreien.

Wir stolzen Menschenkinder
sind eitel arme Sünder
und wissen gar nicht viel.
Wir spinnen Luftgespinste
und suchen viele Künste
und kommen weiter von dem Ziel.
Gott, lass dein Heil uns schauen,
auf nichts Vergänglichs trauen,
nicht Eitelkeit uns freun;
lass uns einfältig werden
und vor dir hier auf Erden
wie Kinder fromm und fröhlich sein.

(Matthias Claudius, EG 482)

Geistliche Existenz

Gemeinschaft

Es sind verschiedene Gaben; aber es ist ein Geist. Und es sind verschiedene Ämter; aber es ist ein Herr. Und es sind verschiedene Kräfte; aber es ist ein Gott, der da wirkt alles in allen. In einem jeden offenbart sich der Geist zum Nutzen aller. (1. Korinther 12,4–7)

Ich danke dir, Gott,
dass ich nicht allein bin
mit meinem Glauben,
mit meinen Fragen und Sorgen.
Du kennst die Fülle der Aufgaben
und die Grenzen der Kraft.
Du kennst meine Angst,
etwas schuldig zu bleiben.
Ich danke dir, Gott,
dass ich nicht allein bin
in meinem Dienst.

Gib deinen Segen auf unsere Arbeit.
Stärke unser Miteinander.
Unseren Zielen gib das rechte Maß
und unserem Vertrauen einen sicheren Grund.

Dienste leben viele aus einem Geist,
Geist von Jesus Christus.
Dienste leben viele aus einem Geist -
und wir sind eins durch ihn.

(Dieter Trautwein, EG 268, Rechte: Strube Verlag, München–Berlin)

SCHWESTERN UND BRÜDER   MITARBEITERINNEN UND MITARBEITER

Dient einander, ein jeder mit der Gabe, die er empfangen hat, als die guten Haushalter der mancherlei Gnade Gottes. (1. Petrus 4,10)

Sie sind
Schwestern und Brüder,
nicht meine Handlanger.
Sie sind
Engel der Gemeinde,
nicht Boten des Pfarrers.
Sie sind
deine Dienerinnen und Diener,
nicht meine.

Ich stehe oft im Vordergrund.
Wehre meiner Überheblichkeit.
Sie arbeiten oft im Hintergrund.
Stärke meine Dankbarkeit.

Vieles liegt auf ihrer Schulter
und manches lastet auf ihrer Seele.
Segne unseren Dienst.

Du bist ein Geist der Liebe,
ein Freund der Freundlichkeit,
willst nicht, dass uns betrübe
Zorn, Zank, Hass, Neid und Streit.
Der Feindschaft bist du feind,
willst, dass durch Liebesflammen
sich wieder tun zusammen,
die voller Zwietracht seind.

(Paul Gerhardt, EG 133)

Ich bitte aber nicht allein für sie, sondern auch für die, die durch ihr Wort an mich glauben werden, damit sie alle eins seien. Wie du, Vater, in mir bist und ich in dir, so sollen auch sie in uns sein, damit die Welt glaube, dass du mich gesandt hast. (Johannes 17,20f.)

Ein Vorzeigestück,
ein Exempel ist deine Gemeinde,
Botschafter an deiner Statt,
Jesus Christus.

Manchmal ein schlechtes Beispiel,
die Einheit brüchig,
die Hände müde,
die Gedanken fahrig,
der Glaube schlaff,
die Liebe nicht kalt und nicht warm.

Und dann wieder
großartig und geistreich,
spendenfreudig und hilfsbereit,
einladend und beherzt.

Ein Vorzeigestück,
ein Exempel ist deine Gemeinde,
dank deiner Geduld,
durch deine Gnade,
durch deinen Heiligen Geist.

Lass uns so vereinigt werden,
wie du mit dem Vater bist,
bis schon hier auf dieser Erden
kein getrenntes Glied mehr ist,
und allein von deinem Brennen
nehme unser Licht den Schein;
also wird die Welt erkennen,
dass wir deine Jünger sein.
(Nikolaus Ludwig von Zinzendorf, EG 251)

So denke nun daran, wie du empfangen und gehört hast, und halte es fest und tue Buße! (Offenbarung 3,3)

Herr Jesus Christus,
deiner Gemeinde
hast du einen großen Schatz anvertraut:
Das Beieinandersein in deinem Geist
die Predigt des Evangeliums,
die heiligen Sakramente.

Hilf mir,
diese Gaben gemeinsam mit denen,
denen Ämter anvertraut sind,
hoch zu achten.

Schreib die Gottesdienste,
die Verkündigung
und die Sakramente
nicht in meinen Kalender,
schreib sie mir ins Herz.

Nun saget Dank und lobt den Herren,
denn groß ist seine Freundlichkeit,
und seine Gnad und Güte währen
von Ewigkeit zu Ewigkeit.
Du, Gottes Volk, sollst es verkünden:
Groß ist des Herrn Barmherzigkeit;
er will sich selbst mit uns verbünden
und wird uns tragen durch die Zeit.
(nach Ambrosius Lobwasser, EG 294)

So habt nun Acht auf euch selbst und auf die ganze Herde, in der euch der heilige Geist eingesetzt hat zu Bischöfen, zu weiden die Gemeinde Gottes, die er durch sein eigenes Blut erworben hat.
(Apostelgeschichte 20,28)

Treuer Gott,
was nützen der beste Stock,
die klügste Taktik
und der schnellste Hirtenhund,
wenn wir kein gutes Weideland finden
für die Herde?

Was nützen der größte Event,
die höchste Spende
und die beste Werbung,
wenn wir nichts zu sagen haben
für die Menschen?

Wenn das Salz schal wird,
das Licht nicht mehr leuchtet
und die Gemeinden sich verlieren
im Niemandsland,
dann bitte ich dich umso mehr
für uns Pfarrerinnen und Pfarrer
um die Gemeinschaft in der Einheit des Heiligen Geistes,
um geschwisterliche Liebe und gegenseitige Vergebung,
um gemeinsames Gebet und Kraft zur Umkehr.

Vertraut den neuen Wegen
und wandert in die Zeit!
Gott will, dass ihr ein Segen
für seine Erde seid.
Der uns in frühen Zeiten
das Leben eingehaucht,
der wird uns dahin leiten,
wo er uns will und braucht.
(Klaus Peter Hertzsch, EG 395, © Klaus Peter Hertzsch, Jena 1989)

Nehmt einander an, wie Christus euch angenommen hat zu Gottes Lob.
(Römer 15,7)

Sie sagen,
wir seien Einzelkämpfer.
Sie sagen,
wir könnten nicht miteinander.
Sie sagen,
wir seien neidisch auf den Erfolg des anderen.
Sie sagen,
wir seien Grund für Konflikte.
Sie sagen,
wir predigten offene Hände
und ließen selbst die Ellenbogen spielen.

Barmherziger Gott,
ich bete für meine Schwestern und Brüder im Amt.
Vergib mir meinen Neid.
Nimm mir die Sucht nach Vergleichen.
Schenke mir Freude an ihren Gaben.
Behüte sie heute in allem, was sie tun.

Und wenn ich wieder
davon will,
dann streu Sand in mein Getriebe.

Lass uns zueinander stehen,
ganz so, wie es dir gefällt,
lass dein Reich in Wahrheit kommen,
Herr, in unsre müde Welt.
(Otmar Schulz, EG 267, Rechte: Strube Verlag, München-Berlin)

So seid ihr nun nicht mehr Gäste und Fremdlinge, sondern Mitbürger der Heiligen und Gottes Hausgenossen, erbaut auf den Grund der Apostel und Propheten, da Jesus Christus der Eckstein ist, auf welchem der ganze Bau ineinandergefügt wächst zu einem heiligen Tempel in dem Herrn. Durch ihn werdet auch ihr miterbaut zu einer Wohnung Gottes im Geist. (Epheser 2,19–22)

Grund- und Eckstein bin ich nicht,
nicht tragende Säule
und kein Sturz überm Fenster.

Aber irgendwo
zwischen Täufling und Bischof,
zwischen Konfirmandin und Ältesten,
zwischen Mensch und Mitmensch
bin ich eingefügt,
lebendiger Stein unter lebendigen Steinen.

Den ganzen Spielraum,
den du mir schenkst, Gott,
will ich nützen:
Aus alten Mauern schöpfe ich Mut,
in die kleinsten Ritzen will ich Leben träufeln,
will mit all den anderen
mich strecken,
mich weiten
und die Kraft derer spüren,
die bei dir wohnen.

Ich will nicht nur sicher wohnen.
Ich bin unterwegs,
bin Wanderstein,
bin dir auf den Fersen.
Nimm mich mit.

Nun singe Lob, du Christenheit,
dem Vater, Sohn und Geist,
der allerorts und allezeit
sich gütig uns erweist,
der Frieden uns und Freude gibt,
den Geist der Heiligkeit,
der uns als seine Kirche liebt,
ihr Einigkeit verleiht.

(Georg Thurmair, EG 265, © Christophorus Verlag, Freiburg)

Wenn ein Glied leidet, so leiden alle Glieder mit, und wenn ein Glied geehrt wird, so freuen sich alle Glieder mit. Ihr aber seid der Leib Christi und jeder von euch ein Glied. (1. Korinther 12,26f.)

Manchmal zweifle ich
an deiner Kirche.
Doch ohne deine Kirche
würde ich verzweifeln.

Manchmal verliere ich den Glauben
an deine Kirche.
Doch ohne den Glauben der anderen
könnte ich nicht glauben.

Ihre Lieder
geben mir Schwung.
Ihre Gebete
tragen mich.
Ihr Mut
macht mir Beine.
Sie sorgen dafür,
dass ich bei der Sache bleibe.

Ich danke dir für deine Kirche.
Ich will das Jammern und Lästern lassen.
Will die anderen ertragen, wie sie mich ertragen.
Will andere tragen, wie sie mich tragen.
Will geben, was ich kann,
und tun, was dir dient.

Dein Wort ist unsers Herzens Trutz
und deiner Kirche wahrer Schutz;
dabei erhalt uns, lieber Herr,
dass wir nichts andres suchen mehr.
(Nikolaus Selnecker, EG 246)

Seid fröhlich in Hoffnung, geduldig in Trübsal, beharrlich im Gebet.
(Römer 12,12)

Treuer Gott,
wir sitzen nicht zusammen,
und doch bist du unser Tisch.
Wir wohnen in verschiedenen Straßen,
du bist unsere Herberge.
Wir sprechen nicht die gleichen Sprachen,
dein Heiliger Geist überwindet Grenzen.
Wir nennen dich mit verschiedenen Namen,
du bist unser aller Vater.

Auch jetzt, wenn ich die Hände falte,
beten unzählige andere
rund um den Erdkreis
weit weg von hier
und in unserem Dorf.

Ich bin Teil einer weltweiten Gebetsgemeinschaft.
Wenn ich schweige, wenn ich höre,
wenn ich danke und wenn ich klage,
wenn ich bitte und wenn ich lobe,
dann schweigen, danken und loben viele mit mir.
Auch wenn ich den Faden verliere –
das Gebet reißt nie ab.
Ich staune und danke.

Denn unermüdlich, wie der Schimmer
des Morgens um die Erde geht,
ist immer ein Gebet und immer
ein Loblied wach, das vor dir steht.

Die Sonne, die uns sinkt, bringt drüben
den Menschen überm Meer das Licht:
und immer wird ein Mund sich üben,
der Dank für deine Taten spricht.

(Gerhard Valentin, EG 266, nach einem englischen Lied
von John F. Ellerton, Rechte: Strube Verlag, München-Berlin)

Sie blieben aber beständig in der Lehre der Apostel und in der Gemeinschaft und im Brotbrechen und im Gebet. (Apostelgeschichte 2,42)

Viele sind es,
mein Gott,
einer erinnert dich an den anderen.
Sie beten um Heilung der Kranken,
um Bewahrung der Reisenden,
um Trost für die Sterbenden, -
und sie beten für mich.

Und so knüpfen sie auch ein Netz
unter meine Schwächen,
bitten um Vergebung
meiner Fehler
und tragen
meine Last.

Ich danke dir für ihr Gebet.
Ich kann es nicht sehen und hören.
Und doch wird mir leichter,
weil es mich trägt.

Die Sach und Ehr, Herr Jesu Christ,
nicht unser, sondern dein ja ist;
darum so steh du denen bei,
die sich auf dich verlassen frei.

Dein Wort ist unsers Herzens Trutz
und deiner Kirche wahrer Schutz;
dabei erhalt uns, lieber Herr,
dass wir nichts andres suchen mehr.
(Nikolaus Selnecker, EG 246)

Sakramente, Beichte und Segenshandlungen

TAUFE IM NOTFALL

*Ihr alle, die ihr auf Christus getauft seid, habt Christus angezogen.
(Galater 3,27)*

Eingang:
Im Namen des Vaters und des Sohnes und des Heiligen Geistes. Amen

Jesus Christus spricht: Mir ist gegeben alle Gewalt im Himmel und auf Erden. Siehe, ich bin bei euch alle Tage bis an der Welt Ende.

Gebet:
Herr Jesus Christus,
ewiger treuer Gott,
in großer Sorge um das Leben dieses Kindes
bitten wir dich:
Nimm dies Kind als dein Kind an,
gib ihm Leben aus deiner Gnade.
Wenn ihm ein Leben mit uns nicht geschenkt ist,
dann lass es deine heilende Gegenwart
in Ewigkeit spüren.
Du kennst unsere Wünsche für dieses Kind.
Dein heiliger Wille geschehe.
Amen

Taufe:
Der Taufende gießt dreimal Wasser über den Kopf des Kindes.

..., ich taufe dich im Namen des Vaters und des Sohnes und des Heiligen Geistes.

Der Taufende legt dem Täufling die Hand auf.

Christus spricht: Ich bin das Licht der Welt.
Wer mir nachfolgt, der wird nicht wandeln in der Finsternis, sondern wird das Licht des Lebens haben.

Vater unser

Zuspruch und Segen:
Der Gott des Lebens hat unser Gebet gehört.
Er hat dies Kind als sein Kind in Liebe angenommen.
Das stärke euren Glauben, nähre eure Hoffnung
und bewahre eure Liebe.
Der Segen Gottes sei mit euch und eurem Kind.

Es segne und behüte euch
der allmächtige und barmherzige Gott,
Vater, Sohn und Heiliger Geist.
Amen

Bewahre uns, Gott, behüte uns, Gott,
sei mit uns in allem Leiden.
Voll Wärme und Licht im Angesicht,
sei nahe in schweren Zeiten.

Bewahre uns, Gott, behüte uns, Gott,
sei mit uns durch deinen Segen.
Dein Heiliger Geist, der Leben verheißt,
sei um uns auf unsern Wegen.

(Eugen Eckert, EG 171, Rechte: Strube Verlag, München-Berlin)

Fürchte dich nicht, denn ich habe dich erlöst; ich habe dich bei deinem Namen gerufen; du bist mein! (Jesaja 43,1)

Barmherziger Gott,
du kennst unsere Not,
so wie du unsre Freude kennst.

Mit den Eltern dieses Kindes
bitten wir dich:
Nimm in der Taufe dies Kind in Liebe an.
Schenke ihm deinen Heiligen Geist.
Bewahre sein schwaches Leben.

Wir klagen dir unsere Verzweiflung,
wir klagen dir unsere Hilflosigkeit.
Sei uns allen nahe in den Stunden der Angst,
dass wir tun, was richtig ist,
dass wir uns in Liebe gegenseitig stützen
und unseren Glauben stärken.

Deiner ewigen Gnade sei dies Kind anvertraut.
Deine Wege sind uns fremd,
doch du verstehst unsere Gedanken
und bist um uns.

Ein Arzt ist uns gegeben,
der selber ist das Leben;
Christus, für uns gestorben,
der hat das Heil erworben.

Sein Wort, sein Tauf, sein Nachtmahl
dient wider alles Unheil;
der Heilig Geist im Glauben
lehrt uns darauf vertrauen.

(Paul Gerhardt, EG 320)

Kommt her zu mir alle, die ihr mühselig und beladen seid; ich will euch erquicken. So werdet ihr Ruhe finden für eure Seelen. (Matthäus 11,28.29c)

Der liturgische Teil der Beichte schließt in der Regel an ein ausführliches Gespräch an, in dem die Beichte angeboten bzw. gewünscht wird.

Eingang:
Im Namen des Vaters und des Sohnes und des Heiligen Geistes. Amen.
Der Friede Gottes sei mit dir.

Schriftwort:
Herr, du erforschest mich und kennest mich.
Ich sitze oder stehe auf, so weißt du es;
du verstehst meine Gedanken von ferne.
Ich gehe oder liege, so bist du um mich
und siehst alle meine Wege.
Denn siehe, es ist kein Wort auf meiner Zunge,
das du, Herr, nicht schon wüsstest.
Von allen Seiten umgibst du mich
und hältst deine Hand über mir.
Erforsche mich, Gott, und erkenne mein Herz;
prüfe mich und erkenne, wie ich's meine.
Und sieh, ob ich auf bösem Wege bin,
und leite mich auf ewigem Wege.
(Psalm 139,1–5.23.24)

oder:

Was ich tue, verstehe ich selbst nicht. Denn ich tue ja nicht, was ich eigentlich will, sondern was mir selbst zuwider ist. Wenn ich aber das Böse, das ich tue, selbst nicht will, gebe ich dem Gesetz recht. So bin ich es eigentlich gar nicht, der handelt, sondern die dunkle Macht in mir. Ich weiß, dass in mir, das heißt in meinem dunklen Lebensdrang, nichts Gutes wohnt. Ich kann es zwar wollen, aber ich bin unfähig, es zu tun. Ich tue ja nicht das Gute, das ich tun will, sondern das Böse, das ich vermeiden will. Wenn ich aber tue, was ich verabscheue, dann bin ja

nicht ich der Täter, sondern der böse Drang in mir, der mich besetzt hält. Es scheint ein Gesetz zu sein, dass in mir, der doch das Gute tun will, immerfort das Böse zustande kommt. Ich stimme dem Willen Gottes zwar aus ganzem Herzen zu, aber dort, wo ich tatsächlich handle, ist ein anderer Wille am Werk als in meinen Gedanken. Der kämpft gegen den Willen Gottes, dem mein Herz doch zustimmt, und zwingt mich wie einen Gefangenen unter das Gesetz meiner Fehlhandlungen, das in meinem eigenen Drang wirkt. Ich unglücklicher Mensch, wer wird mich befreien aus dieser tödlichen Verstrickung? Denn das ist ja das Ergebnis: So weit meine Wünsche und Absichten reichen, diene ich dem Gesetz Gottes, in meinem tatsächlichen Leben aber dem Gesetz, das die Sünde mir aufzwingt. Aber nun danke ich Jesus Christus und mit ihm Gott selbst dafür, dass er mich aus dieser Sklaverei befreit hat!
(Römer 7,15–25, übersetzt von Jörg Zink)

Beichtgebet:
Barmherziger Gott,
dir sei Dank, dass wir mit der Sünde unseres Lebens,
mit der Schuld, die uns plagt
und mit den Fehlern, die auf uns lasten,
zu dir kommen können.
Du hörst und verstehst.
Du machst unsere Last zu deiner Last.
Du vergibst, wir können befreit leben.
Im Gespräch hat ... ihre/seine Fehler genannt
und ihre/seine Schuld bereut.
Du kennst das Offenbare und das Verborgene.
Nun sei mit deiner Gnade unter uns.
Nimm die Last, vergib die Schuld
durch Jesus Christus, deinen Sohn,
unseren Bruder und Heiland.
Amen

Die Pfarrerin/der Pfarrer fasst noch einmal die wesentlichen Inhalte des Beichtgespräches zusammen und fährt dann fort:

Habe ich Sie recht verstanden und ist dies die Last, die Sie Gott anvertrauen möchten?

Der Pfarrer/die Pfarrerin lässt an dieser Stelle ausführlich Zeit zur Bestätigung, zur Wiederholung oder zur Ergänzung. Er/sie fragt abschließend:

Haben Sie Ihre Beichte beendet, oder möchten Sie noch etwas hinzufügen?
...
Dies alles bekennen Sie vor dem dreieinigen Gott. Bereuen Sie Ihre Schuld und bitten Sie Gott um Vergebung, dann sprechen Sie nun: Ich bereue meine Schuld und bitte Gott um Vergebung.

Beichtende/r:
Ich bereue meine Schuld und bitte Gott um Vergebung.

Pfarrer/Pfarrerin:
Glauben Sie, dass Gott Ihnen Ihre Schuld vergibt und Ihnen einen Neuanfang schenkt, so sprechen Sie:
Ich glaube, dass Gott mir durch Jesus Christus vergibt.

Beichtende/r:
Ich glaube, dass Gott mir durch Jesus Christus vergibt.

Gemeinsames Glaubensbekenntnis

Pfarrerin/Pfarrer:
Dir geschehe, wie du glaubst.
Der allmächtige Gott erbarmt sich deiner und vergibt dir durch Jesus Christus all deine Schuld. Und als eine berufene Dienerin/ein berufener Diener der Kirche im Auftrag unseres Herrn Jesus Christus spreche ich dich los von allen deinen Sünden, im Namen des Vaters und des Sohnes und des Heiligen Geistes. Amen

Dank:
Fürwahr, meine Seele ist still und ruhig geworden wie ein kleines Kind bei seiner Mutter; wie ein kleines Kind bei seiner Mutter, so ist meine Seele in mir (Psalm 131,2.3).

Kurze Stille

Vaterunser

Sendung und Segen:

Gott hat dich aufgerichtet und mit dir Frieden geschlossen.
Nun kannst du in Frieden den Menschen begegnen,
an denen du schuldig geworden bist
oder die an dir schuldig geworden sind.
Gott gebe dir Kraft bei jedem Schritt zum Guten.

Es segne und behüte dich Gott,
der Allmächtige und Barmherzige,
Vater, Sohn und Heiliger Geist.
Amen

Mein Gewissen quält mich nicht,
will mich das Gesetz verklagen;
der mich frei und ledig spricht,
hat die Schulden abgetragen,
dass mich nichts verdammen kann:
Jesus nimmt die Sünder an.
(Erdmann Neumeister, EG 353)

Wo zwei oder drei versammelt sind in meinem Namen, da bin ich mitten unter ihnen. (Matthäus 18,20)

Eingang:
Im Namen des Vaters und des Sohnes und des Heiligen Geistes. Amen

Alle eure Sorge werfet auf ihn, denn er sorgt für euch.

Psalmgebet:
Der Herr ist mein Hirte, mir wird nichts mangeln.
Er weidet mich auf einer grünen Aue und führet mich zum frischen Wasser.
Er erquicket meine Seele. Er führt mich
auf rechter Straße um seines Namens willen.
Und ob ich schon wanderte im finstern Tal,
fürchte ich kein Unglück; denn du bist bei mir,
dein Stecken und Stab trösten mich.
Du bereitest vor mir einen Tisch im Angesicht meiner Feinde. Du salbest mein Haupt mit Öl
und schenkest mir voll ein.
Gutes und Barmherzigkeit werden mir folgen
mein Leben lang,
und ich werde bleiben im Hause des Herrn immerdar.

Beichtgebet:
Bevor wir das Heilige Abendmahl feiern,
bedenken wir vor Gott unser Leben.

Heiliger, allmächtiger Gott,
du lädst ein.
Aus deinen Händen empfangen wir Leben.
In der Stille öffnen wir dir unser Herz
und nennen dir die Last unseres Lebens.
Stille

EINZELABENDMAHL (MIT KURZEM BEICHTTEIL)

Barmherziger Gott,
nimm unsre Last,
löse unsere Schuld,
vergib uns unsere Sünde
um deines Sohnes Jesu Christi willen.
Amen

Beichtfrage:
Glaubst du, dass Gott dir durch Jesus Christus deine Sünde vergibt, dein Leben heilt und dich segnet, so antworte:
Ja.

Zuspruch der Vergebung:
Im Vertrauen auf die Verheißung unseres Herrn Jesus Christus verkündige ich dir:
Dir sind deine Sünden vergeben. Im Namen des Vaters und des Sohnes und des Heiligen Geistes. Amen

Schriftwort:
Da wir nun gerecht geworden sind durch den Glauben,
haben wir Frieden mit Gott
durch unsern Herrn Jesus Christus;
durch ihn haben wir auch den Zugang im Glauben
zu dieser Gnade, in der wir stehen,
und rühmen uns der Hoffnung
der zukünftigen Herrlichkeit, die Gott geben wird.
Nicht allein aber das, sondern wir rühmen uns
auch der Bedrängnisse, weil wir wissen,
dass Bedrängnis Geduld bringt,
Geduld aber Bewährung, Bewährung aber Hoffnung,
Hoffnung aber lässt nicht zuschanden werden;
denn die Liebe Gottes ist ausgegossen in unsre Herzen
durch den heiligen Geist, der uns gegeben ist.
(Römer 5,1–5)

Einsetzungsworte:
Unser Herr Jesus Christus in der Nacht, da er verraten ward nahm er das Brot, dankte und brach's und gab's

den Jüngern und sprach: Nehmet hin und esset das ist mein Leib, der für euch gegeben wird. Solches tut zu meinem Gedächtnis.

Desgleichen nahm er auch den Kelch nach dem Mahl dankte, gab ihnen den und sprach: Nehmet hin und trinket alle daraus. Dieser Kelch ist der neue Bund in meinem Blut, das für euch vergossen wird zur Vergebung der Sünden. Solches tut, sooft ihr's trinket, zu meinem Gedächtnis.

Spendewort:
Christi Leib, für dich gegeben.
Christi Blut, für dich vergossen.

Lob:
Lobe den Herrn, meine Seele, und vergiss nicht, was er dir Gutes getan hat: der dir alle deine Sünde vergibt und heilet alle deine Gebrechen, der dein Leben vom Verderben erlöst, der dich krönet mit Gnade und Barmherzigkeit.

Dankgebet:
Trost allen Lebens,
heiliger, barmherziger Gott.
Wir danken dir für deine Treue,
für die Gemeinschaft mit dir,
für dein Wort und Sakrament.
Und bitten dich:
Bleibe bei uns in Zeit und Ewigkeit.

Vaterunser

Segen

SEGENSHANDLUNG BEI SCHEIDUNGEN

Bei dir aber, Herr, unser Gott, ist Barmherzigkeit und Vergebung.
(Daniel 9,9)

Es wird im jeweiligen Einzelfall immer darauf ankommen, nah bei den Menschen, ihren Sorgen und Schuldgefühlen, ihrer Unsicherheit und Hoffnung auf seelische Entlastung zu bleiben. Es wird deshalb kein generelles »Formular« geben können für die seelsorgerliche Begleitung in der Lebenskrise einer Ehescheidung. Wesentlich ist, dass die Handlung eine innere »Dramaturgie« entwickelt, die den schwierigen seelischen Prozess (Liebe zueinander – Eheversprechen – gemeinsame Wege – Scheitern – Schuld – Beichte – Zuspruch der Vergebung – getrennte Wege – Bitte um Segen) aufnimmt und das Gespräch/die Handlung zu einem heilenden Geschehen macht.

Voraussetzungen:

a. In getrennten und gemeinsamen Gesprächen ist deutlich geworden, dass beide Ehepartner der Ehe keine Perspektive mehr geben; das seelsorgerliche und therapeutische Spektrum ist ausgeschöpft.

b. Beide Partner sind mit einem letzten, klärenden Gespräch und mit einer gemeinsamen »Handlung« einverstanden.

Eingang:

Im Namen des Vaters und des Sohnes und des Heiligen Geistes. Amen

Gnade sei mit euch und Friede von Gott, unserm Vater, und dem Herrn Jesus Christus!

Gebet:

Gnädiger Gott,
zwei Menschen wollen getrennte Wege gehen.
Du hattest sie in Liebe vereint und ihre Ehe gesegnet.
Wir blicken zurück auf gute Zeiten,
auf gemeinsame Wege in Liebe,
auf Pläne und Hoffnungen.
Nun ist ihre Liebe und alles verbraucht,
was zusammengehalten hat.
Sie sind an dir und aneinander schuldig geworden.
Sie sind gekommen,
dich und sich gegenseitig um Vergebung
und für die neuen Wege um deinen Segen zu bitten.
Wo zwei oder drei in deinem Namen versammelt sind,
da bist du mitten unter ihnen. Wir danken dir. Amen

Gespräch:
In einem zusammenfassenden Gespräch wird von den Beteiligten der Prozess, der zum Sterben der Ehe führte, wie auch einzelne Beratungsstationen o.Ä. beschrieben. Absprachen – z.B. die Kinder betreffend – werden noch einmal geäußert.

Erinnerung an das Eheversprechen:
... und ..., ihr habt einst vor Gott und der Gemeinde versprochen, in Freud und Leid treu beieinander zu bleiben, bis Gott durch den Tod euch scheidet.
Ihr habt dieses Versprechen nicht halten können.
Ihr habt die Gründe für das Auseinanderleben genannt, ihr sagt beide, eure Ehe sei gescheitert.

Nun besinnt euch, ob alles Wichtige – Vorwürfe und Dank, Klage und Bitte um Verzeihung – ausgesprochen ist vor Gott und dem bisherigen Ehepartner.

(Ergänzungen, kurze Stille)

Gegenseitige Vergebung:
Seid ihr bereit, im Vertrauen auf Gottes Gnade
ihn um Vergebung zu bitten?
Wollt ihr euch gegenseitig die genannte Schuld vergeben,
die getroffenen Absprachen halten,
und den jeweils anderen neu achten
so antwortet: Ja, mit Gottes Hilfe.

Gebet:
Barmherziger Gott,
eine Ehe ist vor der Zeit an ihr Ende gekommen.
Einer hat dem anderen die Schuld vergeben.
Nun bitten wir dich,
vergib du beiden ihre Irrwege und Fehler,
lass sie in Frieden und mit deinem Segen
neue Wege gehen
und sei mit deinem Segen bei allen,
die ... und ... anvertraut sind.
Amen

Zuspruch der Vergebung:
Im Vertrauen auf die Verheißung unseres Herrn
Jesus Christus verkündige ich euch:
Gott ist barmherzig.
Er vergibt euch durch Jesus Christus.
Nun geht und lebt im Frieden des Herrn. Amen

Lobe den Herrn, meine Seele, und vergiss nicht,
was er dir Gutes getan hat: der dir alle deine Sünde vergibt
und heilet alle deine Gebrechen,
der dein Leben vom Verderben erlöst,
der dich krönet mit Gnade und Barmherzigkeit.

Gemeinsames Vaterunser

Segensbitte:
Ewiger Gott,
segne ... und ...,
dass das Gute gelinge, was sie sich vorgenommen haben,
dass die nun getrennten Wege glückliche sein können,
dass nichts bleibt, was neu verletzt,
dass Wunden heilen
und Leben neu möglich wird.

So segne und behüte euch der allmächtige und barmherzige Gott, Vater, Sohn und Heiliger Geist. Amen

Er rief aber die Zwölf zusammen und gab ihnen Gewalt und Macht über alle bösen Geister, und dass sie Krankheiten heilen konnten, und sandte sie aus, zu predigen das Reich Gottes und die Kranken zu heilen. (Lukas 9,1f.)

Eingang:
Im Namen des Vaters und des Sohnes und des Heiligen Geistes. Amen

Herzlich lieb habe ich dich, Herr, meine Stärke! Herr, mein Fels, meine Burg, mein Erretter; mein Gott, mein Hort, auf den ich traue, mein Schild und Berg meines Heiles und mein Schutz!

Schriftwort:
Leidet jemand unter euch, der bete;
ist jemand guten Mutes, der singe Psalmen.
Ist jemand unter euch krank, der rufe zu sich die Ältesten der Gemeinde, dass sie über ihm beten und ihn salben mit Öl in dem Namen des Herrn.
Und das Gebet des Glaubens wird dem Kranken helfen, und der Herr wird ihn aufrichten; und wenn er Sünden getan hat, wird ihm vergeben werden.
Bekennt also einander eure Sünden
und betet füreinander, dass ihr gesund werdet.
Des Gerechten Gebet vermag viel, wenn es ernstlich ist.
(Jakobus 5,13-16)

Gebet:
Herr Jesus Christus,
du Heiland der Kranken,
wir bitten dich um Heilung und Genesung.
Vergib uns die Sünden unseres Lebens, nimm weg alle Last und befreie uns von aller Schuld.
Wir bitten dich für ...:
Heile sie/ihn von ihrer/seiner Krankheit.
Stärke Lebenskraft und Lebensmut.
Schenke Gewissheit und Ruhe.

Nimm Angst und Ungewissheit.
(ggf.: Bewahre sie/ihn bei der Operation ...)
Sei du mit allen, die ihr/ihm als Ärzte, Pfleger, Verwandte
helfen möchten. Segne ihren Dienst.
Stärke uns alle durch deinen Heiligen Geist.

Segnung (ggf. mit Salbung):
Der dreieinige Gott, Vater, Sohn und Heiliger Geist
segne dich.
Er heile, beschütze und bewahre dein Leben
in Zeit und Ewigkeit.
Er richte dich auf und schenke dir Frieden.
Amen

Stilles Gebet

Dankgebet:
Lobe den Herrn, meine Seele, und was in mir ist,
seinen heiligen Namen!
Lobe den Herrn, meine Seele, und vergiss nicht,
was er dir Gutes getan hat:
der dir alle deine Sünde vergibt
und heilet alle deine Gebrechen,
der dein Leben vom Verderben erlöst,
der dich krönet mit Gnade und Barmherzigkeit.
Barmherzig und gnädig ist der Herr,
geduldig und von großer Güte.

Vaterunser

Segen

Ich schließe mich aufs Neue
in deine Vatertreue
und Schutz und Herze ein;
der Finsternis Geschäfte
und alle bösen Kräfte
vertreibe durch dein Nahesein.

(Gerhard Tersteegen, EG 481)

Also hat Gott die Welt geliebt, dass er seinen eingebornen Sohn gab, damit alle, die an ihn glauben, nicht verloren werden, sondern das ewige Leben haben. (Johannes 3,16)

Eingang:
Im Namen des Vaters und des Sohnes und des Heiligen Geistes. Amen

Ich bin gewiss, dass weder Tod noch Leben, weder Engel noch Mächte noch Gewalten, weder Gegenwärtiges noch Zukünftiges, weder Hohes noch Tiefes noch eine andere Kreatur uns scheiden kann von der Liebe Gottes, die in Christus Jesus ist, unserm Herrn.

Psalmgebet:
Ich hebe meine Augen auf zu den Bergen.
Woher kommt mir Hilfe?
Meine Hilfe kommt vom Herrn, der Himmel und Erde gemacht hat.
Er wird deinen Fuß nicht gleiten lassen,
und der dich behütet, schläft nicht.
Siehe, der Hüter Israels schläft und schlummert nicht.
Der Herr behütet dich; der Herr ist dein Schatten
über deiner rechten Hand.
Der Herr behüte dich vor allem Übel, er behüte deine Seele.
Der Herr behüte deinen Ausgang und Eingang
von nun an bis in Ewigkeit (Psalm 121)

Zuspruch:
Der ewige Gott hat unsere Schwester/unseren Bruder ...
zu sich gerufen.
Er hat *ihr/ihm* das Leben geschenkt als sein Ebenbild,
hat *sie/ihn* in der Taufe als sein Kind angenommen
und *ihr/ihm* in Jesus Christus ewiges Heil
und Vergebung aller Sünden zugesprochen.
Darauf vertrauen wir in der Stunde des Todes.
Gott sei unserer *Schwester/unserem Bruder* gnädig um Jesu Christi willen.

Gebet:
Ewiger Gott,
du bist unsere Hilfe und unser Trost.
Du hast
unsere liebe Verstorbene/unseren lieben Verstorbenen
in Krankheit, Not und Sterben begleitet.
Du wirst *sie/ihn* auch im Tod nicht verlassen.
Du bist ein gnädiger Gott.
Sei in dieser schweren Stunde unter uns.
Tröste die Trauernden.
Stärke die Schwachen.
Erbarme dich unser.
Amen

Aussegnung:
(zu der/dem Verstorbenen gewandt)
Der treue Gott schenke die ewige Ruhe
und das ewige Licht leuchte dir.
Der barmherzige Gott
rette dich aus dem Tod
und schenke dir Auferstehung an seinem Tag.
Amen

Kurze Stille

Vaterunser

Segen

Zuletzt lass mich auch scheiden
mit dir, o Gottessohn;
nach Erdenglück und Leiden
führ mich zum Himmelsthron;
führ mich zu Freud und Wonne
der Seligen im Licht.
Du, meine Lebenssonne,
mein Gott, verlass mich nicht!
(Siebenbürgen vor 1898, EG 531)

Wichtige Texte aus Bibel und Tradition

Vater unser im Himmel,
geheiligt werde dein Name,
dein Reich komme,
dein Wille geschehe,
wie im Himmel, so auf Erden.
Unser tägliches Brot gib uns heute.
Und vergib uns unsre Schuld,
wie auch wir vergeben unsern Schuldigern.
Und führe uns nicht in Versuchung,
sondern erlöse uns von dem Bösen.
Denn dein ist das Reich
und die Kraft und
die Herrlichkeit
in Ewigkeit.

Ich glaube an Gott den Vater, den Allmächtigen,
den Schöpfer des Himmels und der Erde,

und an Jesus Christus, seinen eingeborenen Sohn,
unsern Herrn, empfangen durch den Heiligen Geist,
geboren von der Jungfrau Maria,
gelitten unter Pontius Pilatus,
gekreuzigt, gestorben und begraben,
hinabgestiegen in das Reich des Todes,
am dritten Tage auferstanden von den Toten,
aufgefahren in den Himmel,
er sitzt zur Rechten Gottes, des allmächtigen Vaters,
von dort wird er kommen,
zu richten die Lebenden und die Toten.

Ich glaube an den Heiligen Geist,
die heilige christliche Kirche,
Gemeinschaft der Heiligen,
Vergebung der Sünden,
Auferstehung der Toten
und das ewige Leben.

CREDO (NIZÄNUM)

Wir glauben an den einen Gott,
den Vater, den Allmächtigen,
der alles geschaffen hat,
Himmel und Erde,
die sichtbare und die unsichtbare Welt.

Und an den einen Herrn Jesus Christus,
Gottes eingeborenen Sohn,
aus dem Vater geboren vor aller Zeit:
Gott von Gott, Licht vom Licht,
wahrer Gott vom wahren Gott,
gezeugt, nicht geschaffen,
eines Wesens mit dem Vater;
durch ihn ist alles geschaffen.
Für uns Menschen und zu unserem Heil
ist er vom Himmel gekommen,
hat Fleisch angenommen
durch den Heiligen Geist
von der Jungfrau Maria
und ist Mensch geworden.
Er wurde für uns gekreuzigt
unter Pontius Pilatus,
hat gelitten und ist begraben worden,
ist am dritten Tage auferstanden nach der Schrift
und aufgefahren in den Himmel.
Er sitzt zur Rechten des Vaters
und wird wieder kommen in Herrlichkeit,
zu richten die Lebenden und die Toten;
seiner Herrschaft wird kein Ende sein.

Wir glauben an den Heiligen Geist,
der Herr ist und lebendig macht,
der aus dem Vater und dem Sohn hervorgeht,
der mit dem Vater und dem Sohn
angebetet und verherrlicht wird,
der gesprochen hat durch die Propheten,
und die eine, heilige, allgemeine
und apostolische Kirche.
Wir bekennen die eine Taufe
zur Vergebung der Sünden.
Wir erwarten die Auferstehung der Toten
und das Leben der kommenden Welt.
Amen.

LUTHERS MORGENSEGEN

Des Morgens, wenn du aufstehst,
kannst du dich segnen
mit dem Zeichen des heiligen Kreuzes und sagen:

Das walte Gott Vater, Sohn und Heiliger Geist! Amen

Darauf kniend oder stehend das Glaubensbekenntnis und das Vaterunser.
Willst du, so kannst du dies Gebet dazu sprechen:

Ich danke dir, mein himmlischer Vater,
durch Jesus Christus, deinen lieben Sohn,
dass du mich diese Nacht
vor allem Schaden und Gefahr behütet hast,
und bitte dich,
du wollest mich diesen Tag auch behüten
vor Sünden und allem Übel,
dass dir all mein Tun und Leben gefalle.
Denn ich befehle mich, meinen Leib und Seele
und alles in deine Hände.
Dein heiliger Engel sei mit mir,
dass der böse Feind keine Macht an mir finde.

Alsdann mit Freuden an dein Werk gegangen und etwa ein Lied gesungen oder was dir deine Andacht eingibt.

LUTHERS ABENDSEGEN

Des Abends, wenn du zu Bett gehst,
kannst du dich segnen mit dem Zeichen
des heiligen Kreuzes und sagen:

Das walte Gott Vater, Sohn und Heiliger Geist! Amen

Darauf kniend oder stehend das Glaubensbekenntnis
und das Vaterunser.
Willst du, so kannst du dies Gebet dazu sprechen:

Ich danke dir, mein himmlischer Vater,
durch Jesus Christus, deinen lieben Sohn,
dass du mich diesen Tag gnädiglich behütet hast,
und bitte dich,
du wollest mir vergeben alle meine Sünde,
wo ich Unrecht getan habe,
und mich diese Nacht auch gnädiglich behüten.
Denn ich befehle mich,
meinen Leib und Seele und alles in deine Hände.
Dein heiliger Engel sei mit mir,
dass der böse Feind keine Macht an mir finde.

Alsdann flugs und fröhlich geschlafen.

Aaronitischer Segen:

Der Herr segne dich und behüte dich.
Der Herr lasse sein Angesicht leuchten über dir
und sei dir gnädig.
Der Herr hebe sein Angesicht über dich
und schenke dir seinen Frieden.

Trinitarischer Segen:

Der Segen des allmächtigen Gott,
des Vaters, des Sohnes und des Heiligen Geistes,
komme über dich und bleibe bei dir
von nun an bis in Ewigkeit.

Register

Register der Gebete

Gebete vor Gottesdienst und Unterricht   9
  Gebet vor dem Gottesdienst
  Die Glocken läuten   10
  Gebet vor dem Gottesdienst
  So viel Vertrauen   11
  Gebet vor dem Gottesdienst
  Du hast dich zugewandt   12
  Gebet vor dem Gottesdienst
  Die Mauern dieser Kirche   13
  Gebet in der Sakristei
  Lass gelingen   14
  Kanzelgebet
  Zum Reden gib Segen   15
  Kanzelgebet
  Ich muss das Rad nicht erfinden   16
  Vor dem Unterricht
  Ich will sie lieben, so wie sie sind   17
  Vor dem Unterricht
  Ich komme von der Kirche   18
  Beginn des Unterrichts (Grundschule)
  Guter Gott   19
  Beginn des Unterrichts (Mittelstufe)
  Umschalten auf Gott   20
  Beginn des Unterrichts (Oberstufe)
  Zwei Minuten Stille   21
  Vor Gremien
  Es ist dein Land   22
  Vor Gremien
  Ich bin Partei   23
  Beginn von Gremien
  Du hast uns berufen   24
  Gebet zu Beginn von Gremien
  Ich vermute Hintergedanken   25
  Vor wichtigen Entscheidungen
  Was ist auf Dauer gut?   26

Gebete für die Seelsorge   27
  Am Krankenbett
  Bitte um heilende Geduld   28
  Am Krankenbett
  Schenke auch mir einen Engel   29
  Am Krankenbett
  In Sorge   30
  Am Krankenbett
  Warum gerade ich?   31
  Am Krankenbett
  Am seidenen Faden   32
  Am Krankenbett
  Alle reden sie auf mich ein   33
  Am Krankenbett
  Ob sie uns versteht?   34
  Am Krankenbett
  Ein Recht auf Heilung   35
  Am Krankenbett
  Ich bin geheilt   36
  Am Sterbebett
  Du bist ein Gott der Lebenden   37
  Am Sterbebett
  Ein Leben geht zu Ende   38
  Am Sterbebett
  Dass wir uns lösen   39
  Am Sterbebett
  In Frieden sterben   40
  Am Sterbebett
  Nimm mir die Angst vor dem Tod   41
  Am Sterbett eines Kindes
  Unbegreiflicher Gott   42
  Am Sterbebett eines jungen Menschen
  Du kannst Leben retten   43
  Am Sterbebett einer jungen Mutter/eines jungen Vaters
  Nein, Gott!   44
  Am Sterbebett eines alten Menschen
  Sie/er war uns ein Segen   45
  Am Sterbebett eines Schwerkranken
  Wir hoffen   46
  Vor einem Seelsorgegespräch
  Ich kenne nur den Namen   47
  Vor einem Seelsorgegespräch
  Ich weiß, was mich erwartet   48
  Nach einem Seelsorgegespräch

Ich habe gegeben, was ich hatte	49
Vor einem Besuch	
Schenke mir das Vertrauen eines Kindes	50
Vor einem Besuch	
Ich kann ihr nicht helfen	51
Nach einem Besuch	
Du bleibst. Das ist ein Segen.	52
Vor dem Überbringen einer Todesnachricht	
Mit deiner Hilfe	53
Überbringen einer schweren Nachricht	
Geh du	54
Vor einem schwierigen Gespräch	
Mir ist nicht wohl	55
Nach einem schwierigen Gespräch	
Spinne du weiter den Faden	56
Vor einer schwierigen Verhandlung	
Festgefahren	57
Nach einer schwierigen Verhandlung	
Absprachen halten	58
Freundschaft und Liebe	
Warum bin ich unsicher?	59
Freundschaft und Liebe	
Freiheit und Bindung	60
Freundschaft und Liebe	
Vergangenheit und Zukunft	61
Freundschaft und Liebe	
Können wir uns trauen?	62
Ehekrise	
Wir haben die gemeinsame Sprache verloren	63
Ehekrise	
Im Zorn	64
Ehekrise	
Bitte um Rat am Scheideweg	65
Krankheit	
In Sorge um Gesundheit und Leben	66
Krankheit	
Leben verlängern?	67
Lebensangst	
Besorgt um dieses Leben	68
Lebensangst	
Du musst ihn doch kennen	69
Lebensangst	
Die Stimme ist leise, das Vertrauen verbraucht	70
Zweifel, geistliche Not	
Ein Mensch hat dich verloren, Gott	71
Zweifel, geistliche Not	
Ein alter Mensch weint und fragt	72
Zweifel, geistliche Not	
Erkennen, was gut ist	73
Schuld	
Nun ist es ausgesprochen	74
Erziehung und Familie	
Wir leben nebeneinander	75
Trennung, Scheidung	
Es geht nicht mehr miteinander	76
Überlastung	
Sie kann nicht mehr	77
Einsamkeit	
Heitere Masken	78
Neu zugezogen und fremd	
Da ist kein Mensch	79
Finanzielle Not	
Niemand will noch einmal helfen	80
Beichtgebet zum Nachsprechen	
Ich bin schuldig geworden	81
Während eines Beichtgespräches	
Die Seele ist wund	82
Nach der Absolution	
Du hast den Weg bereitet	83
Beim Taufgespräch	
Was für eine Freude	84
Beim Taufgespräch	
Unser Kind ist anders als die anderen	85
Beim Taufgespräch	
Wir sind glücklich und dankbar	86
Beim Taufgespräch	
Unser Kind ist so klein	88
Beim Trauegespräch	
Das Leben ist offen	89
Beim Trauegespräch	
Sie machen ein Drama daraus	90
Beim Trauegespräch	
Lieben können ohne Angst zu verlieren	91

Beim Trauergespräch
Gib unserer Trauer einen
Halt 92
Beim Trauergespräch
Noch quälen Fragen 93
Beim Trauergespräch
Das kann doch nicht sein 94
Bei Verunglückten
Verlass mich nicht 95
Bei Verunglückten
Wende das Böse zum Guten 96
Bei Verunglückten
Ein Mensch stirbt 97
Segenszusage für Einzelne
Segnung eines Kindes 98
Segenszusage für Einzelne
Segnung zur Konfirmation 99
Segenszusage für Einzelne
Elternsegen 100
Segenszusage für Einzelne
Patensegen 101
Segenszusage für Einzelne
Verlobung 102
Segenszusage für Einzelne
Ehesegen 103
Segenszusage für Einzelne
Trennungssegen 104
Segenszusage für Einzelne
Krankensegen 105
Segenszusage für Einzelne
Reisesegen 106
Segenszusage für Einzelne
Umkehrsegen 107
Segenszusage für Einzelne
Sterbesegen 108

**Geistliche Existenz –
Orientierungen** 109
Stille Zeit/Meditation/
Auszeit
Stille Zeit am Morgen 110
Stille Zeit am Mittag 113
Stille Zeit am Abend 115
Tagzeitengebet Morgen
Ein leeres Blatt 118
Tagzeitengebet Morgen
Du lebst, ich kann hoffen 119
Tagzeitengebet Mittag
Der Tag steht in seiner
Blüte 120
Tagzeitengebet Mittag
Was ist Zeit? 121

Tagzeitengebet Abend
Lass mich zur Ruhe
kommen 122
Tagzeitengebet Abend
Ich war Gast an deinem
Tisch 123
Tagzeitengebet Nacht
Du mein Licht im Dunkel 124
Tagzeitengebet Nacht
Ein weises Ja 125
Freude an Gott und der
Welt
Ich möchte anstecken 126
Freude an Gott und der
Welt
Dein Glanz greift tief 127
Freude an der eigenen
Arbeit
Mein Beruf ist ein
Geschenk 128
Freude an der eigenen
Arbeit
Manchmal gelingt es 129
Freude an der eigenen
Arbeit
Umarmen könnte ich dich 130
Gesegnet 131
Dankbar 132
Ich bin ein Teil des
Wunders 133
Ich staune (Übertragung
von Psalm 8) 134
Neu ausgerichtet 135
Ich lasse es gut sein 136
Beichtspiegel allgemein 137
Credo
Ich möchte glauben
können 139
Vater unser
Ich übe beten 141
Beichtspiegel Gebote
Ich bin so frei 144

**Geistliche Existenz
In Not** 149
Gehetzt 150
Verzweifelt 151
Gelähmt 152
Wenn die eigene Familie
zerbricht 153
Einsam 154
Sie sind nicht gekommen 155

Ich bin fremd	156
In Zeiten des Zweifels	157
Beim Tod naher Angehöriger	158
Gottesfinsternis	160
Christusfinsternis	161
Es gelingt nicht mehr	162
Es wird mir zu viel	163
Ausgebrannt	164
Fremdworte	165
Mir fehlt der Wille	166
Unsicher	167
Sie verstehen mich nicht	168
Ich soll reden	169
Schuldig geworden	170
Ich soll schweigen	172

Geistliche Existenz

Gemeinschaft	173
Mitarbeiterinnen und Mitarbeiter Stärke unser Miteinander	174
Mitarbeiterinnen und Mitarbeiter Schwestern und Brüder	175
Gemeinde Ein Beispiel	176
Gemeinde Ein großer Schatz	177
Pfarrerinnen und Pfarrer Kraft zur Umkehr	178
Pfarrerinnen und Pfarrer Streu Sand in mein Getriebe	179
Kirche Lebendiger Stein	180
Kirche Ohne deine Kirche würde ich verzweifeln	181
Gemeinschaft im Gebet Rund um den Erdkreis	182
Gemeinschaft im Gebet Einer trägt den anderen	183

Sakramente, Beichte und Segenshandlungen   185

Taufe im Notfall	186
Taufe im Notfall, Gebet Bewahre das schwache Leben	188
Beichte ausführlich	189
Einzelabendmahl (mit kurzem Beichtteil)	193
Segenshandlung bei Scheidungen	196
Krankensegnung/ Krankensalbung	199
Aussegnung	201

Wichtige Texte aus Bibel und Tradition   203

Vater unser	204
Credo (Apostolicum)	205
Credo (Nizänum)	206
Luthers Morgensegen	208
Luthers Abendsegen	209
Segen	210

Register der Bibelstellen

1. Mose 1,27	21, 134	Psalm 115,15	131
1. Mose 1,31	119	Psalm 119,105	60
1. Mose 28,15	106	Psalm 121,2	14
2. Mose 34,29	127	Psalm 124,8	82
2. Mose 4,12	169	Psalm 131,1f.	16
4. Mose 6,24–26	40	Psalm 136,1	84
5. Mose 26,11	130	Psalm 139,1–5	122
1. Samuel 16,7	162	Psalm 139,2f.	34
1. Könige 19,7	29, 77	Psalm 139,11f.	124
Prediger 4,9f.	75	Psalm 139,23f.	120
Hoheslied 8,4	90	Psalm 143,8	118
Hiob 3,24f.	42	Psalm 145,18	28
Hiob 12,13	67	Sprüche 8,17	125
Psalm 1,1–3	24, 144	Sprüche 16,32	55
Psalm 4,2	43	Jesaja 38,16.17	105
Psalm 8,4f.	88	Jesaja 41,10	41, 96
Psalm 9,10	33	Jesaja 41,13	53, 94, 129
Psalm 13,2f.	157	Jesaja 43,1	188
Psalm 18,3	97	Jesaja 43,11	51
Psalm 22,12	70	Jesaja 54,10	99
Psalm 22,23	11	Jesaja 61,1	36
Psalm 23,1	19	Klagelieder 3,24	46
Psalm 23,6b	132	Daniel 9,9	196
Psalm 25,11	74	Matthäus 6,12	81
Psalm 25,16	78	Matthäus 6,34	136
Psalm 26,8	13	Matthäus 11,28.29c	189
Psalm 31,6	39	Matthäus 18,20	193
Psalm 31,9	89, 135	Matthäus 18,21f.	170
Psalm 31,16	121	Matthäus 22,35–40	137
Psalm 36,10	54	Matthäus 28,19.20	10
Psalm 37,5	48	Markus 2,5	152
Psalm 38,22f.	95	Markus 2,17	153
Psalm 43,3	163	Markus 5,36b	71
Psalm 51,12–14	164	Markus 9,24	139, 160
Psalm 55,23	26	Markus 10,14	86
Psalm 63,9	32	Lukas 2,7	79
Psalm 67,2f.	65	Lukas 2,29f.	108
Psalm 69,2.4	151	Lukas 5,20	83
Psalm 69,9	154	Lukas 6,36f.	104
Psalm 73,24	38	Lukas 6,45	126
Psalm 77,4f.	31	Lukas 9,1f.	199
Psalm 84,4f.	128	Lukas 9,62	35
Psalm 86,11	76	Lukas 11,11	69
Psalm 90,1f.	93	Lukas 15,7	107
Psalm 90,4	133	Lukas 20,38	37
Psalm 92,2f.	18	Lukas 24,29	123
Psalm 103,2	50	Johannes 3,16	201
Psalm 103,13	66	Johannes 6,15	166
Psalm 108,5	47	Johannes 6,68f.	44

… REGISTER DER BIBELSTELLEN

Johannes 8,31f.	172
Johannes 10,10b	12
Johannes 11,25f.	72
Johannes 14,19	158
Johannes 14,27	92
Johannes 16,33	167
Johannes 17,20f.	176
Apostelgeschichte 1,8	15
Apostelgeschichte 2,42	183
Apostelgeschichte 20,28	178
Römer 7,15–25	190
Römer 12,12	182
Römer 12,15	168
Römer 15,7	85, 179
1. Korinther 1,25	49
1. Korinther 12,4–7	174
1. Korinther 12,26f.	181
1. Korinther 13,2	61
2. Korinther 12,9	52
Galater 3,27	186
Galater 6,2	23
Epheser 2,19–22	22, 180
Epheser 4,2b–6	58
Epheser 4,26	64
Philipper 1,6	63
Philipper 2,2	102
Philipper 2,13	56, 80
Philipper 4,6	141
Philipper 4,7	150
Kolosser 1,15f.	161
Kolosser 3,17	25
1. Thessalonicher 5,21	73
2. Timotheus 1,7	59
Hebräer 10,23	101
Hebräer 10,35	62
Hebräer 13,8	165
Hebräer 13,9b	68
1. Petrus 3,9	20
1. Petrus 4,10	57, 175
1. Petrus 5,7	30
1. Johannes 3,1	98, 110
1. Johannes 4,16b	100, 103, 155
1. Johannes 4,17bf.	91
1. Johannes 4,17c	156
3. Johannes 4	17
Judas 1,20-22	45
Offenbarung 3,3	177

Register der Liedangaben

Stammteil

EG 7	44
EG 64	52, 67
EG 65	35
EG 85	39, 97
EG 131	161
EG 133	175
EG 135	14
EG 161	12, 127
EG 165	165
EG 170	155
EG 171	88, 104, 187
EG 197	15, 168
EG 200	42
EG 209	99
EG 211	84, 98
EG 222	47, 107
EG 235	25, 81
EG 243	24
EG 244	22
EG 246	181, 183
EG 251	176
EG 265	180
EG 266	182
EG 267	179
EG 268	174
EG 294	177
EG 295	13
EG 302	50
EG 316	134
EG 320	11, 16, 36, 188
EG 321	143
EG 322	100
EG 324	130, 133
EG 326	131
EG 329	87
EG 330	126
EG 331	89
EG 334	18
EG 343	80
EG 345	26, 32
EG 347	56, 58, 83
EG 351	171
EG 353	192
EG 360	153
EG 361	48, 85, 96
EG 365	28, 33
EG 366	31, 105, 151
EG 368	53
EG 369	49, 136
EG 372	34
EG 376	45
EG 379	66
EG 382	74, 157, 160, 164
EG 391	94
EG 395	135, 162, 178
EG 406	132
EG 416	63
EG 445	29, 76, 119
EG 452	10
EG 453	92
EG 455	118
EG 457	114, 120
EG 473	41, 123, 169
EG 481	200
EG 482	172
EG 486	125
EG 487	54, 117, 122
EG 494	17
EG 495	57
EG 497	55
EG 510	106
EG 522	108
EG 530	46
EG 531	202
EG 532	38
EG 533	93
EG 534	37

Regionalteile

BEL 590	101
BEL 602	90
BEL 612	79, 156
BEL 628	77
BEL 636	82
BEL 641	51
BEL 642	43
BEL 644	68, 121, 163
BEL 653	60, 166, 167
BEL 662	21
BEL 667	75, 147
BEL 676	124, 150, 152
BT 558	72
BT 575	101
BT 584	128
BT 615	77

BT 618	19	P 645	69
BT 622	71	P 676	124, 150, 152
BT 625	95		
BT 634	61	R 678	64
BT 638	60		
BT 644	75, 147	W 564	40
BT 646	23	W 569	102
BT 648	103	W 574	70
BT 650	138	W 618	154
BT 659	59	W 627	20
		W 628	68, 121, 163
G 211	98	W 635	21
G 329	87	W 643	60, 166, 167
G 334	18	W 649	23
		W 655	59
HN 584	78	W 657	156
HN 633	62	W 661	140
NB 567	65	Vom Leben singen.	
		Neue geistliche Lieder	91
Ö 629	30		
Ö 637	73		

Trotz intensiven Nachforschens war es nicht in allen Fällen möglich, die genaue Quelle von Texten ausfindig zu machen. Die Urheberangaben bei den Liedern sind also nicht lückenlos. Für ergänzende Hinweise sind wir dankbar. Sie werden in den nächsten Auflagen berücksichtigt. Den Autorinnen, Autoren und Verlagen sei an dieser Stelle herzlich gedankt, insbesondere für die freundlicherweise erteilte Abdruckerlaubnis.

Abkürzungsverzeichnis für die Regionalteile des EG

BEL	Ausgabe Baden/Elsass/Lothringen
BT	Ausgabe Bayern/Thüringen
HN	Ausgabe Hessen-Nassau
KW	Ausgabe Kurhessen-Waldeck
M	Ausgabe Mecklenburg
N	Ausgabe Nordelbien
NB	Ausgabe Niedersachsen/Bremen
Ö	Ausgabe Österreich
Ol	Ausgabe Oldenburg
OV	Ausgabe Ost-Verbund
P	Ausgabe Pfalz
R	Ausgabe Reformierte Kirche
RWL	Ausgabe Rheinland/Westfalen/Lippe
S	Ausgabe Sachsen
W	Ausgabe Württemberg

Quellennachweis für die verwendeten Bibelzitate:
Lutherbibel, revidierter Text 1984, durchgesehene Ausgabe in
neuer Rechtschreibung, © 1999 Deutsche Bibelgesellschaft,
Stuttgart

Bibliografische Information Der Deutschen Bibliothek
Die Deutsche Bibliothek verzeichnet diese Publikation in der
Deutschen Nationalbibliografie; detaillierte bibliografische
Daten sind im Internet über http://dnb.ddb.de abrufbar.

Kreuz Verlag GmbH & Co. KG Stuttgart
Verlagsgruppe Dornier
Postfach 80 06 69, 70506 Stuttgart

www.kreuzverlag.de
www.verlagsgruppe-dornier.de

© 2004 Kreuz Verlag GmbH & Co. KG Stuttgart
Der Kreuz Verlag ist ein Unternehmen
der Verlagsgruppe Dornier
Alle Rechte vorbehalten
Umschlaggestaltung: Atelier Reichert, Stuttgart
Satz: Rund ums Buch – Rudi Kern, Kirchheim/Teck
Druck und Bindung: GGP Media, Pößneck

ISBN 3-7831-2381-X

Neue Gebete für den Gottesdienst

Gebete - woher bloß immer nehmen? Hier finden Sie neu geschriebene gottesdienstliche Gebete sowohl für den „normalen" Hauptgottesdienst als auch für besondere Gottesdienste wie Familiengottesdienste, Gottesdienste im Altenheim etc. Alle Gebete sind von Gerhard Engelsberger verfasst und entsprechen dem Lebens- und Glaubensgefühl heutiger Gottesdienstbesucher.

Eingangsgebete
Tagesgebete
Kollektengebete
Fürbittengebete
Bußgebete, Segensgebete
Abendmahlsgebete, Gebete
für Familiengottesdienste

Gerhard Engelsberger
Gebete für den Gottesdienst
288 Seiten, € 14,90 (D)
ISBN 3 7831 2084 5

KREUZ: Was Menschen bewegt.
www.kreuzverlag.de

Lebendig und zeitgemäß

Gerhard Engelsberger
Gebete für Kasualgottesdienste und Amtshandlungen
288 Seiten, € (D) 19,90
ISBN 3 7831 2234 1

Mit praktischem Register

Immer wieder brauchen Sie ansprechende, verständliche Gebete: Zu Taufe und Konfirmation, Trauung und Beerdigung, aber auch zu Anlässen wie Ordination und Verabschiedung, Stadtfest und Einweihung eines Kindergartens.
In diesem Band finden Sie Gebete für Kasualgottesdienste und Amtshandlungen jeder Art. Mit Bibelstellen und Liedangaben!

KREUZ: Was Menschen bewegt.
www.kreuzverlag.de